KB201102

희망의 끈

희망의 끈

신민규 지음

교회성장연구소

오직 예수님만이 세상의 빛이 되도록

인간은 꿈과 희망을 먹고 살아가는 존재입니다. 이 세상에서 희망을 찾아 헤매지만 참된 희망은 오직 예수님 안에 있습니다. 예수님은 가난한 자에게 복음을, 포로 된 자에게 자유를, 눈먼 자에게 다시 보게 함을, 눌린 자에게 자유를 주시기 위하여 이 땅에 오셨고, 십자가에서 죽으심으로 죄의 문제를 해결하셔서 절대 절망에 처한 사람들에게 절대 희망이 되어 주셨습니다. 교회는 이 예수님을 전함으로 어두운 세상에 빛이 되어야 합니다.

이번에 출간된 신민규 목사님의 『희망의 끈』에는 지역사회와 기쁨과 슬픔을 함께 나누면서 교회의 사명을 충성스럽게 감당하며 성장해 온 상암동교회의 감동적인 이야기가 담겨 있습니다. 예수님의 사랑으로 뜨겁게 헌신한 목사님과 성도님들의 삶은 많은 분에게 감동과 도전을 줄 것이라 생각합니다. 아무쪼록 이 책을 읽는 모든 분들이 언제나 예수님 안에서 희망을 꿈꾸고 희망을 노래하는 성도님들이 되시기를 바랍니다.

조용기 | 여의도순복음교회 원로목사

이 시대 한국 교회의 탁월한 멘토

학문적 역량을 갖춘 분이 현장 목회뿐 아니라 방송에도 탁월합니다. 신민규 목사님은 그래서 방송사 PD들이 자주 섭외하고 싶어 하는 분입니다. 신민규 목사님은 부드러우면서도 강하게, 따뜻하면서도 힘 있게 상암동교회를 이끌어 왔습니다. 덕분에 상암동교회는 지역사회를 사랑으로 섬기며 모범적인 성장과 부흥을 계속하고 있습니다.

임대 교회, 개척 교회가 잘 돼야 한국 교회에 소망이 있습니다. 여기 탁월한 멘토가 임대 교회 시절부터의 성장 역사를 책으로 엮었습니다. 꼭 읽으시고 우리 앞에 놓인 '희망의 끈'을 단단히 붙잡으시기를 축복합니다.

김장환 | 극동방송 이사장

나눔, 하나님께서 진정 기뻐하시는 것

하나님께서 우리에게 주시는 복은 여러 가지가 있습니다. 그중 하나는 건강으로, 이것은 하나님께서 주시는 복입니다. 물질 역시 하나님께서 주시는 복입니다. 이 세상에 복되게 살아가는 모든 행복이 하나님께서 주시는 복입니다.

하나님께서 우리에게 빈손으로 왔다 가는 세상, 많은 것으로 채우신 것은 이웃을 위해서도 손을 펴서 쓸 줄 알라는 메시지입니다. 초대교회가 크게 부흥하고 많은 사람에게 사랑과 존경을 한 몸에 받았던 비결은 물질 관리를 잘했기 때문이었습니다. 초대교회 성도들은 예수 믿고 성령 받아 죄 사함 받고 나니 너무 기뻐서 자신이 가진 모든 것을 내어 놓았고, 그 물질을 서로 나누니 궁핍한 사람이 하나도 없었습니다. 교회는 이렇게 살아야 합니다. 교회가 선한 일, 좋은 일을 많이 해야 합니다. 나눔이야말로 하나님께서 기뻐하시는 일입니다. 하나님께서 기뻐하실 때 교회가 부흥하고 성도가 행복해집니다. 이런 교회가 될 때 교회는 희망의 끈이 되는 것입니다.

신민규 목사님이 상암동교회를 통해 나눈 이웃 사랑의 이야기 『희망의 끈』을 통해 이 시대의 교회가 초대교회의 사랑 나눔의 역사를 다시 세우고 부흥을 경험하길 기도합니다.

김삼환 | 명성교회 담임목사

사랑을 실천하고 이웃을 돌보는 교회

신민규 목사님의 사역하시는 모습을 곁에서 지켜보면 참 마음이 따뜻한 하나님의 종이라는 생각이 듭니다. 목사님은 '어떻게 하면 더 많은 사람에게 예수님의 사랑을 전할 수 있을까'를 먼저 고민하시는 신실한 주의 종입니다. 그 결과물이 지금의 상암동교회일 것입니다. 지역사회를 위해 사랑을 실천하고 사회적 약자를 돌보는 교회. 바로 이러한 교회가 우리 사회 곳곳에 세워져야 할 것입니다.

『희망의 끈』에는 신민규 목사님의 지금까지 달려온 사역 스토리가 고스란히 담겨 있습니다. 작은 예수의 삶을 실천하고자 하는 교회와 성도님들께 기쁜 마음으로 이 책을 추천합니다.

이영훈 | 여의도순복음교회 담임목사

교회를 살리는 희망의 끈, 절대 희망 예수 그리스도

희망은 우리 삶의 원동력입니다. 우리는 희망이 있기 때문에 살아갈 수 있습니다. 그리스도인에게 희망은 하나님께서 마련하신 미래에 대한 신뢰이며 구원의 확신입니다. 이러한 희망은 그리스도인에게 있어 믿음, 사랑과 함께 큰 덕목으로 꼽힙니다. 하나님 나라와 영원한 삶을 희망하며 살아야 하는 것입니다. 그렇기 때문에 우리는 이 희망을 나눠야 합니다. 절망에 빠진 사람, 그리고 교회가 있다면 우리는 이들에게 기꺼이 희망의 끈이 되어 주어야 합니다.

상암동교회는 결코 쉽지만은 않은 역사를 거슬러 왔습니다. 교회의 성장에는 절대 희망이신 예수 그리스도께서 계실 때 이루어질 수 있습니다. 그런 상암동교회가 그 희망을 나누고 퍼트려 교회들의 희망의 끈이 되어 주고 있습니다. 『희망의 끈』은 절망과 좌절 속에서 괴로워하는 사람들, 그리고 교회에게 희망의 메시지가 될 것입니다.

희망은 죽음의 현실을 생명의 현실로 바꾸어 놓습니다. 『희망의 끈』을 읽는 이 땅의 모든 그리스도인과 교회가 절망에서 빠져나와 희망에서 사랑과 평화를 행하는 생명의 삶을 살기를 기원합니다.

유석성 | 서울신학대학교 총장

하나님의 귀한 선물 '지혜' 와 '희망' 의 재발견

우리의 삶을 더욱 아름답게 만드는 많은 것이 있습니다. 그중에서도 정말 귀한 것 두 가지가 '지혜' 와 '희망' 입니다. 성경은 지혜와 희망이 하나님께서 우리 인생에 주시는 아름다운 선물이라고 분명히 말씀하십니다. "지혜가 제일이니 지혜를 얻으라 네가 얻은 모든 것을 가지고 명철을 얻을지니라"잠 4:7 "여호와의 말씀이니라 너희를 향한 나의 생각을 내가 아나니 평안이요 재앙이 아니니라 너희에게 미래와 희망을 주는 것이니라"렘 29:11 신민규 목사님의 『희망의 끈』을 읽으면서 하나님이 우리에게 주시기 원하는 선물인 지혜와 희망을 한꺼번에 전달받은 기쁨이 찾아 왔습니다. 삶을 아름답고 가치 있게 살아가는 지혜, 목회를 정직하고 건강하게 이끌어 가는 지혜, 자녀를 보람 있고 귀중하게 양육하는 지혜의 글을 읽는 기쁨입니다. 하나님의 지혜를 실천하며 살아온 주님의 사람이 과장 없이, 그러나 권위 있게 들려주는 말씀이기에 우리에게 새로운 희망과 용기를 채워주는 듯합니다. 세상이 아무리 악하고 어둡다 하더라도 하나님의 지혜의 말씀은 분명히 살아 있다는 희망을 다시 한 번 확인시켜 주는 기쁨이 『희망의 끈』이 주는 선물입니다. 목회 현장에서, 교육 현장에서 검증되고 성숙된 교훈의 말씀이 가득한 이 책을 기쁜 마음으로 추천합니다. 읽는 분마다 큰 도전을 받으시리라 믿습니다. 성도는 물론, 목사님, 교수님, 그리고 총장님까지 도전을 받으실 것입니다.

배국원 | 침례신학대학교 총장

화려함 보다는 소박함이 주는 멋으로

목회의 시작은 하나님으로부터의 소명 의식이며, 목회의 과정은 소명 의식에 대한 충성이고, 목회의 결과는 하나님의 뜻에 맞는 아름다운 교회 공동체의 모습이라 할 수 있습니다. 그런 의미에서 상암동교회의 아름다움은 신민규 목사의 사역이 소명 의식에서부터 출발하였음을 증명합니다. 또한 하나님에 대한 그의 충성의 결과이기도 합니다. 『희망의 끈』에서 신민규 목사님은 목회의 알파와 오메가를 짧고 감동적인 문장으로 일목요연하면서도 감동적으로 써 나가고 있습니다. 『희망의 끈』을 통해 그의 하나님을 향한 사랑과 눈물과 희생을 발견할 수 있었습니다. 그뿐만 아니라 그의 인간적인 부분, 나약함, 부족함, 실수를 솔직 담백하게 꺼내 놓음으로써, 회개와 성장의 진솔한 이야기를 들을 수 있어 더 좋았습니다. 그런 면에서 이 책은 가공된 상품이 주는 것과 같은 정제된 세련미보다는 밭에서 추수한 곡식과 과일의 모습 그대로가 주는 자연스런 맛과 멋이 있습니다. 미사여구로 장식한 전기가 아니라, 오히려 신앙고백에 가까운 일기와 같은 소박함이 배어있는 책입니다. 상암동교회는 아름다운 교회, 화목한 교회, 하나님께서 기뻐하시는 교회인 것이 확실합니다. 『희망의 끈』을 통하여 한국 교회의 목회가 아름다워지며 화려함보다는 소박함이 주는 멋을 배우는 계기가 되기를 소망합니다.

문성모 | 서울장신대학교 총장

새로운 창조의 역사를 이어갈 희망이 전파되기를

현대인들에게 희망이란 그저 잡을 수 없고, 누릴 수 없고, 가질 수 없는 실체로 전락한 듯합니다. 대학을 졸업해도 80만 원 월급에 만족해야 하는 이 시대의 젊은이들에게 무슨 희망을 논하겠으며, 50세가 되기도 전에 퇴직을 경험하며 초고령화 시대의 노후를 근심하고 있는 이들에게 희망은 무슨 의미이겠습니까? 『희망의 끈』은 이러한 사회적 인식을 극복하기 위해서 이 시대 교회에게 하나의 새로운 이야기로 희망의 끈을 내밀고 있습니다. 오늘날 많은 교회는 '희망론' 보다는 '위기론'에 봉착해 있기에 『희망의 끈』은 더 큰 의미가 있습니다. 『희망의 끈』은 상암동교회를 통한 하나님의 역사를 우리에게 들려주고 있으며, 이를 통해 하나님께서 이 시대에 어떠한 희망을 들려주길 원하시는지 섬세한 필체로 간증하고 있습니다. 신민규 목사님은 나사렛대학교의 총장으로 교회의 미래를 책임질 신학생들과 기독청년 리더들의 양성에 최선의 경주를 다하고 있습니다. 의인을 한 명이라도 더 세우기 위해서 불철주야 기도하며 섬기는 그의 리더십이 이 책을 통해서도 잘 나타나 있습니다. 교회는 이 땅의 소망이고 희망이 되어야 합니다. 교회의 사명이 바로 이것입니다. 『희망의 끈』을 통해서 이 땅의 소명을 재확인하고, 새로운 창조의 역사를 이 시대 교회들이 행할 수 있는 희망이 계속 전파되길 소망합니다.

박종천 | 감리교신학대학교 총장

하나님께로부터 임한 희망의 끈을 함께 붙들며

'희망' 이라는 단어의 의미를 모르는 사람은 거의 없다. 그러나 현대사회에서 이 단어는 그저 '아는 단어' 에 지나지 않는 것 같다. 나와는 전혀 상관없는 단어로 전락해 버린 것이다. 이제는 '희망을 가져라', '우리에게는 희망이 있다', '희망을 잃지 마라' 는 말이 상투적인 격려나 추상적인 조언에 그칠 뿐, 아무런 감흥을 일으키지 못한다.

이런 모습은 교회 안에서도 마찬가지이다. 설교 말씀에서, 또는 성도들과 교제하는 모임에서 들리는 희망의 메시지는 뻔하고 의미 없는 소리가 되어 헛돌고 있다. 참으로 안타깝고 슬픈 현실이 아닐 수 없다.

희망……. 어쩌면 가능성 없어 보이는 이야기로 들릴 수도 있다. 희망이 말처럼 쉬운 것은 절대 아니다. 그러나 우리가 분명히 기억해야 할 것이 있다. 그리스도인에게 희망은 또 다른 차원의 의미가 있다는 사실이다. 세상에서의 희망 역시 그 자체로 가치가 있긴 하지만, 함부로 속단할 수 없는 현실의 한계를 지니고 있다.

그러나 하나님의 자녀인 우리에게 희망은 그야말로 실현 그 자체, 아니 그 이상의 의미를 지니고 있다. 우리가 품는 희망은 전지전능하신 하나님으로 말미암은 희망이기 때문이다. 조건이나 상황은 중요하지 않다. 인간적인 계산이나 가능성 따위는 하나님 앞에서 아무런 의미가 없다. 우리를 가장 사랑하시는 하나님께서 함께하시면, 그 희망은 우리의 것이 된다.

우리 교회는, 그리고 나는 그 희망의 기적을 분명히 체험했다. 수많은 절망을 맛보았지만 하나님께서는 상상 그 이상의 일들로 우리의 지난 시간을 이끌어 주셨다. 사실 돌아보면 아직도 믿기지 않는 일들이 참 많다. 그런 반전의 위대한 역사를 이 책을 통해 여러분과 나누고 싶다. 이런 놀라운 일들이 우리 교회의 일만이 아님을 분명히 전하고 싶다.

이 책에는 하나님께서 상암동교회를 어떻게 이끄셨는지, 그리고 상암동교회가 어떤 일들을 하게 하셨는지 기록되어 있다. 내가 어떻게 사역해 왔는지, 성도들과 이 세상에 전하고 싶은 메시지가 무엇인지도 담겨 있다.

그러나 이것은 나를 드러내는 이야기가 아니다. 우리 교회의 자랑거리나 무용담도 아니다. 이 모든 것은 하나님의 이야기이다. 나와 우리 교회는 그저 도구일 뿐이다. 하나님께서 우리 교회를 통해 주시고자 하는 희망의 메시지를 담은 것이 바로 이 책이다. 오히려 나와 우리 교회 역시 이 책을 통해 다시 하나님의 희망을 깨닫고 새로이 전진해야 한다.

희망의 끈은 하나이다. 우리가 잡고 있는 끈은 서로 다르지 않다. 누구의 끈은 가느다란 실이고, 누구의 끈은 굵디굵은 탄탄한 동아줄이 아니다. 하나님께로부터 내려오는 끈은 누구에게나 같다. 그 하나의 끈을 우리가 똑같이 잡고 있다. 끝까지 놓지 말자. 어떤 상황에서도 꼭 붙잡고 나아가자. 하나님은 결코 우리를 내버려 두거나 저버리지 않으신다.

부디 이 책을 통해 잠시 주춤하던 교회가, 연속된 절망에 빠져 있던 교회가, 존재의 위기 앞에서 고통 받던 교회가 다시 일어서기를 바란다. 하나님께서 내려 주시는 그 희망의 끈을 발견하기를 간절히 소망한다. 또한 더 놀라운 희망의 기적을 체험한 교회가 있다면 그 기쁨을 서로 나눌 수 있기를 소망한다.

하나님의 모든 자녀가 희망의 노래로 하나님께 영광 돌릴 그 날을 기대하며…….

2013년 9월
신민규 목사

Part 1 시작

차례

Part 2 소통

Part 3 섬김

Part 4 동행

차례

01 지금 그 자리에서 온 힘을 다하라
02 교회성장을 위한 조화
03 우선순위
04 게으름과 인내 사이, 기도로 해결하라
05 새벽예배로 도전의 문턱을 넘으라
06 기존 성도와 새로운 성도의 조화
07 동역자 의식을 유지하라
08 미미하지만 소중한 존재
09 하나님 나라의 시민권을 얻은 자의 삶
10 멀리 보라
11 잘못을 탓하기 전에
12 첫 마음을 영원까지

Part 1

시작

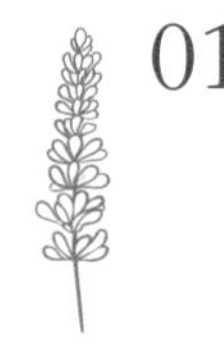

01 지금 그 자리에서 온 힘을 다하라

• • •

"만일 내게 천 개의 생명이 있다면, 그 모두를 한국에 바치겠노라."

이 글은 양화진에 있는 루비 켄드릭Ruby Kendrick 선교사의 묘비명이다. 루비 켄드릭 선교사는 신입 선교사로 한국에 와서 8개월 간 한국어를 공부하다 병에 걸려 1908년 6월 19일, 26세의 젊은 나이에 순교했다. 그러나 루비 켄드릭의 순교는 헛되지 않았다. 그의 순교 소식을 들은 수많은 젊은이가 루비 켄드릭 선교사의 뒤를 이어 한국 땅에 왔기 때문이다. 그리고 그들이 이민족에 전한 복음을 통해 우리가 예수님을 알게 되었다.

그뿐만이 아니다. 『안네의 일기』로 유명한 안네 프랭크Anne

Frank는 십대에 생명을 잃었다. 천재 화가 이중섭이 세상을 떠났을 때 그의 나이는 마흔 살이었다. 영화배우 이소룡은 33세, 〈목마와 숙녀〉라는 명시를 남긴 박인환 시인은 30세, 〈진달래꽃〉의 시인 김소월은 32세에 유명을 달리했다. 예수님께서 십자가에 못박히셨을 때 그분은 30대 초반이었다. 그러나 이토록 짧은 생을 살다 간 그들은 지금까지도 많은 사람에게 영향을 주며 열매를 맺고 있다.

이들처럼 짧은 생애였지만 누구보다 가치 있게 산 사람들이 많이 있다. 우리의 생애는 길지 짧을지 아무도 모른다. 분명한 사실은 우리 생명은 영원한 가치를 지닌 것이기에, 어떠한 상황에서라도 온 힘을 다하며 살아야 한다.

좋은 음식을 챙겨 먹고, 건강을 잘 관리하는 것도 생명을 소중히 여기는 모습이지만, 무엇보다 중요한 것은 각자 맡은 자리에서 온 힘을 다하는 것이다. 이것이야말로 진정으로 생명을 존중하는 자세이다.

처음 목회를 할 때, 새벽예배를 드리고 나면 교회로 다시 출근할 때까지 시간이 조금 남았다. 그러나 나는 집에 가지 않았다. 교회에서 사택까지 차를 타면 5분 정도밖에 안 걸리는 거리인데도 가지 않은 이유는 두 가지였다.

첫째는 집에 가도 사람이 없었기 때문이다. 아내의 직장이 천안이었고 아들도 지방에 있다 보니, 집은 텅 비어 있는 때가 많았다. 나는 사람이 없는 집에 굳이 가고 싶지 않았다.

둘째는 '놀더라도 교회에서 놀자, 졸더라도 교회에서 졸자' 라는 마음에서였다.

그래서 새벽예배가 끝난 후에도 교회 목양실에 남아 있었다. 거기서 기도도 하고 졸기도 했다. 생식이나 시리얼 등으로 혼자 아침 식사를 챙겨 먹고 교회에 쭉 있었다. 늘 밤늦게까지 있었다. 그러면서 열심히 사역에 집중했다.

사실 당시의 내 상황을 회고해 보면, 처량할 법도 하다. 다른 것 다 제쳐두고 그 상황 자체만 본다면 말이다. 열심히 사역하고 집에 돌아왔는데 아무도 없다고 생각해 보라. 얼마나 서글프겠는가. 목회 자체만으로도 감사하고 행복할 수 있다지만, 하나님께서 허락하신 가정에서 얻는 행복도 만만치 않은 것인데 나는 그것을 누리지 못했다.

그러나 내게 주어진 환경 때문에 사기가 저하되거나 지치지는 않았다. 주어진 형편 안에서 누릴 수 있는 또 다른 유익을 찾으면 된다. '홀로이기에 남아도는 시간' 은 목회를 위해 터를 닦는 시간이 되었고 목회에만 집중할 수 있는 기회가 되었다. 목회 초년병인 나에게 그 시간은 그야말로 하나님의 선물이었는지도 모른다.

내가 있는 자리, 그 자리는 분명 하나님께서 허락하신 자리이다. 하나님께서는 내가 있어서는 안 될 곳에 나를 방치하지 않으신다. 그런 곳이라면 어떻게 해서든 벗어나게 하신다. 그러므로 지금 내가 있는 그 자리는 하나님께서 보내신 자리이다. 겉보기에 환경이 열악해 보일지 모르지만 나에게만큼은 하나님께서 열어 주신 최적의 환경이다.

그러니 그때 우리가 할 일은 '그저 온 힘을 다하는 것' 뿐이다. 앞에 조건이 달리면 안 된다. '~하면 온 힘을 다하자' 는 것이 아니라, 환경에 휘둘리지 않고 오히려 주어진 환경을 휘두르며 있는 힘을 다해야 한다. 그렇게 하는 것이 하나님이 허락하신 선물을 제대로 사용하는 것이다.

우리의 생이 얼마나 남았는지는 중요하지 않다. 얼마만큼이든 지금 이 순간에 온 힘을 다하는 것이 내가 속한 가정과 교회, 사회를 세우는 길이다. 결과가 언제 나타나든, 행여 생을 마친 후에 나타난대도 지금 내가 할 수 있는 모든 것을 다한다면, 하나님께서는 우리에게 면류관을 허락하실 것이다.

02

교회성장을 위한 조화

• • •

프랑스의 종교 사상가 블레즈 파스칼Blaise Pascal의 『팡세』에는 조화에 관한 글이 나온다. 파스칼은, 인간이 세 가지의 영역에서 조화를 잘 이루어야 하며 이 중 한 가지라도 깨지거나 문제가 생기면 절대로 행복해질 수 없다고 말했다.

첫째는 자신과의 조화이다. 자신이 원하는 것을 바로 이해하지 못하는 사람, 자신을 속이고 정직하지 못한 사람은 행복할 수 없다. 둘째는 이웃과의 조화이다. 이웃과 어울리지 못하는 사람은 행복할 수 없다. 이웃과의 관계를 조율하는 사람이 좋은 관계 안에서 서로 도움을 주고받으며 성장하는 기쁨을 맛볼 수 있다. 셋째는 하나님과의 조화이다. 파스칼은 이것이 가장 중요한 조화라고 말했다. 이 조화를 방해하는 것은 '죄' 이다. 죄의 문제는 예수 그리스도를 통하지 않고서는 결코 해결할 수 없다.

파스칼의 이 이론은 교회성장물론 여기서 성장이라는 말은 외적 성장만을 의미하지 않는다. 영적으로, 내적으로도 함께 부흥하는 것을 의미한다의 원리에도 적용된다. 교회성장에도 조화의 원칙이 매우 중요하다.

상암동교회는 조화를 위해 목회자가 노력해야 할 것을 네 가지로 정리했다. 이 네 가지는 성도들에게도 적용되는 사항이지만 먼저 목회자가 균형을 맞추어 노력해야 할 부분이다.

첫째, 목회자는 많은 시간을 들여 기도와 말씀 묵상을 해야 한다. 기도와 말씀 묵상하는 것은 시간을 허비하는 일이 아니다. 목적지에 도달하는 가장 빠른 길이다. 설교 준비 역시 절대로 게을리 해서는 안 된다.

둘째, 성도들의 기대치가 높은 교회를 만들어야 한다. 이 말은 성도의 필요에 민감하게 반응할 수 있어야 한다는 뜻이다. 한 손엔 성경을, 다른 한 손엔 신문을 들라.

셋째, 전도에 우선순위를 두어야 한다. 한국 교회는 요즘 "전도가 더 이상 안 된다"는 이야기를 많이 한다. 하지만 끈기와 장기적인 안목을 가지고 전도에 나서면, 하나님 나라는 분명히 확장될 것이다.

넷째, 교회를 비우는 시간이 많으면 안 된다. 목회자는 사택과 교회 사무실을 구분해서 정시에 출근하는 모범을 보여야 한다.

나는 종종 후배들에게 부족하나마 조언을 해줄 때, 이 네 가지

우리 교회는 성도가 행복한 교회, 지역 주민을 돕는 교회, 전도하는 교회, 하나님께서 기뻐하시는 교회의 조화를 이룬다.

를 이야기한다. 다른 방면에도 노력해야 할 부분이 많고, 목회자들이 각자의 목회 철학에 근거해 중점적으로 노력하는 영역이 있겠지만, 이 네 가지 핵심을 간과해서는 안 된다.

그리고 더 나아가 이 네 가지 사항이 교회 전체의 모토가 되기를 기대한다. 물론 그렇게 하려면 목회자인 내가 먼저 이 네 가지의 조화를 이루어야 할 것이다. 그리고 그 조화가 일시적인 것이 아니라, 지속적으로 유지되도록 노력해야 할 것이다. 그것이 나의 목회 철학이 되고 삶의 철학이 되어 자연스럽게 성도들에게 선한 영향력을 미치게 된다면, 성도들 역시 하나님이 우선 되는 그런 삶을 살게 되지 않을까?

물론 성도들에게는 부분적으로 다르게 적용되는 부분도 있다. 말씀과 기도에 헌신하는 것과 전도에 열심을 다하는 첫째, 셋째 내용은 동일하게 적용되겠지만 그 외의 두 가지는 조금 바꾸어 볼 수 있다.

둘째, '성도들의 기대치가 높은 교회를 만들라' 는 말은 '비신자들의 기대치가 높은 교회를 만드는 것' 으로 바꿀 수 있다. 목회자가 성도들의 기대치가 높은 교회를 만들어 가고, 다시 목회자가 성도들과 더불어 비신자들의 기대치에 부응하는 모습을 보여 준다면, 이는 교회성장의 지름길이 될 것이다.

네 번째 역시 성도들의 입장에서 조금 바꾸어 볼 수 있다. '교회와 직장일터 혹은 삶의 주요 터전에서 온 힘을 다하는 것' 이다.

교회 활동뿐만 아니라, 삶의 주요 터전주부에게는 가정, 직장인에게는 회사, 학생에게는 학교에서 온 힘을 다한다면, 그것은 하나님께 영광을 돌리는 일이 된다. 믿지 않는 사람들에게도 모범 그리스도인, 모범 시민으로서 귀한 영향력을 끼칠 것이 확실하다. 그리고 이것은 교회성장의 초석이 될 것이다.

03

우선순위

• • •

서울 상암동에는 평화의공원, 난지한강공원, 난지천공원, 하늘공원, 노을공원 등 무척이나 아름다운 공원이 여러 곳 있다. 이른 새벽 공원에 가면 많은 사람이 걷고, 뛰고, 자전거를 타고, 배드민턴을 치는 등 열심히 땀 흘리며 운동을 한다. 대부분 건강을 위해서다.

성경에 보면, 우리 몸은 성령이 거하시는 전이다. 따라서 우리 몸은 그 무엇보다 소중하다. 성경에도 "육체의 연단은 약간의 유익이 있으나"딤전 4:8라고 말씀했다. 그러나 이런 노력이 지나쳐서 날마다 생각하는 것이 운동이고, 눈을 감아도 운동하는 모습이 보이고, 몸에 좋다는 보양식을 찾아 팔도를 헤맨다면 곤란하다.

'교회 모임이나 예배에는 빠져도 되지만 네 명이 함께 치는 골프 모임에는 빠지면 안 된다'는 식의 생각은 다시 한 번 점검해 봐야 할 문제다. 건강에 좋은 음식이라면 거리나 비용, 시간에 연연하지 않는 것도 좋은 일이 아니다. 건강이 의식적으로든 무의식적으로든 또 다른 신, 즉 우상이 될 수도 있다. 건강은 매우 중요한 것이지만, 건강 자체가 목적이 될 수는 없다. 게다가 주님을 위한 봉사와 헌신으로 다져진 건강은 운동으로 다져진 건강보다 훨씬 더 아름답고 가치 있다.

언젠가 정상가도를 달리던 젊은 연예인이 국외 원정 도박으로 재산을 탕진하고 방송 일정에 차질을 주어 물의를 일으킨 일을 기억한다. 즐거움은 하나님의 축복이다. 하지만 쾌락 자체가 삶의 목적이 되면, 그것은 우상이다. 빌립보서 3장 19절에서 바울은 먹는 쾌락에 빠진 사람들을 가리켜 "그들의 신은 배요"라고 했다. 맛있는 음식이 가득 찬 배를 신으로 삼았다는 뜻이다. 물론 먹는 것은 큰 즐거움이다. 하지만, 먹는 것에 너무 집착하여 우선순위가 뒤바뀌면 이 역시 문제가 된다.

모든 유형의 중독은 쾌락과 관련이 있다. 알코올중독에 빠지는 이유는 무엇인가? 알코올이 가져다주는 쾌락 때문이 아닐까? 많은 사람이 도박과 인터넷의 쾌락에 빠져 늦은 밤이나 새벽까지 컴퓨터 앞에 앉아 있다. 집에서 컴퓨터를 사용하는 것이 불가능하면 PC방까지 간다. 이런 현상은 특히 아이들에게 심각한 문제가 된다. 세계 정상의 골프 선수, 타이거 우즈Tiger Woods는 성적인 쾌락 때문에 그의 명성에 먹칠을 하고 단란한 가정을 파괴했다.

스포츠나 여가, 취미생활 등 무엇이든 적당한 것이 좋다. 신앙에 방해가 될 만큼 깊이 빠져서는 안 된다.

그렇다면 우리가 우선순위에 두어야 할 것은 무엇인가? 바로 예배이다. 우리 교회는 주일 예배를 총 3부로 나누어 드린다. 1부 예배는 아침 일찍 부목사들이 돌아가며 인도한다. 2부와 3부 예배는 내가 인도한다. 그런데 1부, 2부, 3부 예배 스타일이 조금씩 다르다. 2부는 전통적인 예배 형식에 가깝고 3부는 현대적인 예배 형식에 가깝다. 그러니 자신이 더 선호하는 예배 스타일에 맞게 참석하면 된다.

하지만 안타깝게도 요즘은 스타일이 아니라 일정에 맞추어 예배에 참석하는 경우가 많다. 솔직히 이런 경우는 예배를 우선순위에 둔 것이 아니다. 이 문제가 당장 해결되지는 않을 것이다. 그래서 나는 예배를 우선순위로 두기 위해 따로 중점을 두는 것이 있다. 바로 셀교회이다. 소그룹 예배를 활성화시켜 그 안에서 예배의 본질을 회복하고 예배가 우선순위에 자리할 수 있게 하는 것이다. 대그룹에서 자칫 형식적으로 변할 수 있는 예배의 참 모습이 소그룹에서 실현되기를 바란다. 소그룹 안에서는 좀 더 진실한 말씀의 교제를 나눌 수 있으니 말이다.

소그룹에서 예배의 본질을 회복하고 예배를 우선순위로 두게 되면, 공예배에서도 그렇게 될 것이다. 편한 시간대의 예배에 참석하는 것이 아니라, 자신이 좀 더 경건하게 드릴 수 있는 예배를 선택하고, 예배의 자리에 들어온 이상 예배에만 집중하게 될 것이다.

그렇게 될 때까지는 시간이 얼마나 걸릴지 모른다. 그러나 우리에게는 분명 희망이 있다. 그런 노력이 더해져서 예배가 최우선순위가 되고, 예배를 인생의 가장 중요한 것으로 삼는 성도가 교회 안에 가득 찰 날이 올 것이다.

04

게으름과 인내 사이, 기도로 해결하라

• • •

바닷가 옆 높은 바위 위에서 메말라 가는 바닷게가 있었다. 그 바닷게에게는 바다로 돌아갈 충분한 힘이 있었지만 실행에 옮길 지혜가 없었다. 조금만 노력하면 1미터 앞에서 넘실대는 파도에 몸을 실어 살 수 있는데 바다가 자기에게 다가오기만을 기다릴 뿐이었다. 계속 그렇게 가만히 있으면 곧 말라 죽는데도 말이다.

살다보면 우리를 '곤란한 지점' 으로 몰아가는 파도가 있다. 그 파도는 바닷게를 바위 위로 휩쓸어 가 놓고 게으름을 피우느라 다시 돌아오지 않은 것처럼 우리를 궁지에 몰아넣고 그곳에 방치해 버린다. 만일 파도가 밀어닥친 지점에 누워서 거대한 파도가 나를 다시 부드러운 물속으로 인도해 주기를 기대한다면, 그런 기회는 결코 오지 않을 것이다. 성경은 이렇게 말한다.

"게으름이 사람으로 깊이 잠들게 하나니 태만한 사람은 주릴 것이니라" 잠언 19:15

게으름이 종종 인내로 오해될 때가 있다. 그러나 게으름은 아무것도 하지 않고, 아무것도 기대하지 않으며, 자신을 아무것도 아닌 존재로 방치하는 것이다. 한편, 인내는 '반드시 실현되리라' 는 소망으로 맡은 일을 열심히 하는 것이다.

인내라는 단어 'patience' 는 고난, 어려움을 뜻하는 라틴어 'pati' 의 어근을 갖고 있다. 즉 수동의 'passive' 와 열정의 'passion' 의 합성어인 것이다. 임산부의 10개월은 지극히 수동적으로 보이지만 그 안에서는 생명이 열정적으로 약동한다. 예수님께서 십자가 위에서 보내신 아홉 시간도, 무덤에서 보내신 3일의 시간도 지극히 수동적인 모습으로 보이지만 실제로는 아주 강력한 생명이 약동하고 부활했던 것처럼 말이다.

처음 교회를 개척하거나 임대 교회에서 사역할 때는 게으름과 인내의 사이에서 헤맬 때가 있다. 아직 눈에 보이는 성과는 없고 인내하며 기다려야 하는데, 그렇다고 해서 가만히 있을 수는 없고 또 내 생각대로 무조건 아무 일이나 열심히 할 수만은 없는, 그런 때 말이다.

새벽을 깨우는 교회야말로 진정한 부흥이 있다. 성도를 살리고, 지역을 살리며, 나아가 나라를 살릴 수 있는 유일한 길이 바로 새벽예배에 달렸다. 한 명으로 시작했던 상암동교회의 새벽예배는 현재 130명까지 부흥했다.

제일 먼저 우리 교회의 새벽을 깨웠던 성도는 당시 집사님이었던 정종순 권사님이다. 나는 지금까지 기도 수첩에 정종순 권사님의 가족사진을 붙여 놓고 그 가정을 위해 기도하고 있다.

내가 처음에 상암동교회에 왔을 때는 한 건물에 2층과 3층을 전세로 사용했다. 실제 면적은 한 층당 198제곱미터가 안되는 곳이었다. 2층은 교육관 겸 목양실, 그리고 주방 겸 친교 할 수 있는 공간을 만들어 놓았다. 3층은 전형적인 예배당으로, 의자를 놓고 강대상을 만들어 여느 임대 교회처럼 시작했다.

내가 부임한 첫 주 주일예배에 약 60여 명이 출석했다. 특히 찬양대는 여자가 한 명이고 남자가 네 명이었다. 여느 교회라면 여자가 네 명이고 남자가 한 명이었겠지만, 우리 교회는 반대였다.

어찌되었든 교회에 부임하면서 새벽예배도 시작해야 했다. 사실 부임 전에는 교수 사역을 했기 때문에 새벽예배를 따로 드리지 않았다. 부끄러운 이야기지만 신학교에 다닐 때에도 나는 새벽예배를 자주 못 드렸다. 어느 정도였는가 하면, 학감이셨던 고故 공창술 교수님이 새벽마다 기숙사 문을 두드리며 교회에 가자고 하시면, 나는 눈도 뜨지 않은 채 "안녕히 다녀오세요"라고 말할 정도였다. 그렇게 잠만 자던 사람이 바로 나였다. 미국에 유학 가서 새벽예배를 드릴 때도 은혜보다는 의무감이 먼저였다. 특히 미국에서 사역할 때는 부교역자로서 먼저 교회에 가서 문을 열어 놓아야 했는데, 예배 시간보다 30분 일찍 가야 하는 현실이 얼마나 힘겨웠는지 모른다. 그때 나는 새벽예배의 참 맛을 몰랐다.

하지만 담임 목회자로 부임했으니 본격적으로 새벽예배를 드려야 했다. 그런데 첫날, 당황스럽게도 할머니 한 분만 나오셨다. 그리고 그 다음날도 계속해서 매일 새벽예배에 나오는 사람은 첫날 나오셨던 정종순 집사님지금은 권사님이다뿐이었다.

그때 나는 게으름과 인내의 사이에서 많이 갈등했다. 새벽예배가 더 부흥하도록 노력해야 하는 동시에 인내함으로 기다려야 했다. 이런 상황에서 필요한 것이 바로 기도이다. 문득 신학교 시절에 들은 이야기가 떠올랐다.

"기도를 안 하면 부흥이 안 된다."

그래서 한번은 정종순 집사님에게 가족사진을 좀 가져오라고 부탁했다. 가족을 위해 꼭 기도해 주겠다고 약속하면서 말이다. 나는 그 사진을 기도 수첩에 붙여 놓고 열심히 기도했다. 기도할 때마다 큰 소리로 가족의 이름을 불러가며 기도했다. 이러한 사실이 성도들 사이에 조금씩 퍼져 나갔고 새벽예배에 나오는 사람들도 한두 명씩 늘어 갔다. 그들에게도 나는 가족사진을 가져오라고 말씀 드렸고 수첩에는 사진이 점점 늘어갔다.

그때 나는 교회를 개척할 때면 겪게 되는 게으름과 인내 사이에서의 갈등을 기도로 해결할 수 있다는 것을 절실히 깨달았다. 잠잠히 기다리되, 그것이 게으름이 아닌 인내가 되게 하려면, 기도해야 한다. 기도야말로 하나님과 소통하는 시간이기에 문제를 해결하는 가장 빠른 해결 방법이기도 하다. 기도하며 기다리면 아무것도 안 하는 것 같지만, 실상은 그렇지 않다. 기도는 인내하는 동시에 노력하는 아주 중요한 준비 과정이다. 그러므로 교회를 처음 세웠을 때 기도만큼 중요한 것이 없다. 기도는 하나님의 마음을 움직일 뿐 아니라 사람의 마음도 움직이는 힘이 있다.

05

새벽예배로 도전의 문턱을 넘으라

• • •

한 부자가 있었다. 그는 아름다운 섬을 사서 나무와 꽃을 심어 초원을 조성하고, 그곳에 토끼와 사슴을 풀어 놓았다. 그러나 시간이 지날수록 동물들의 눈빛이 흐려지고 털에 윤기가 사라지면서 시름시름 앓기 시작했다.

'이처럼 좋은 환경에서 병이 나다니.'

부자는 마을의 현자를 찾아갔다. 현자는 섬에다 이리 한 마리를 풀어놓으라고 조언했다. 부자가 이 말을 듣고 놀라자 현자는 이렇게 말했다.

"토끼와 사슴의 병은 환경이 너무 좋아서 생긴 것입니다. 이리에게 잡히지 않으려면 있는 힘을 다해 달려야 할 것이고, 그러다 보면 차츰 눈빛이 살아나고 털에는 윤기가 흐를 것입니다."

놀랍게도 현자의 말대로 이리 한 마리를 풀어놓자 동물들의 병이 씻은 듯이 나았다.

우리 역시 도전 없이 살면 눈에 총기가 달아나고 몸이 불어난다. 그러나 다행히도 우리가 살아 있는 동안 도전해야 할 일은 끊임없이 찾아온다. 그 도전에 어떻게 반응하느냐에 따라 우리 인생이 달라진다. 어려운 현실을 회피하거나 포기하면 안 된다. 새는 공기에 저항해서 날갯짓하는 것을 힘들어하지만, 공기가 없으면 날 수 없다. 물고기는 물에 저항해서 헤엄치는 것이 힘겹지만 물이 없으면 살 수 없다. 다윗은 골리앗 때문에 영웅이 되었고, 사무엘의 어머니 한나는 자신을 괴롭히는 브닌나 때문에 기도의 여인이 되었다. 윈드서핑을 즐기는 사람은 파도를 기다린다. 연을 날리는 사람은 바람을 기다린다. 추운 겨울을 이기고 피는 꽃이 더욱 아름답다.

위기 앞에서 가만히 있으면 안 된다. 섬의 주인인 부자가 현자의 말을 듣지 않고 상황만 멍하니 지켜보았다면, 토끼와 사슴은 다 죽고 말았을 것이다. 우리 교회 역시 임대 교회로 시작한 만큼 많은 어려움과 위기가 있었다. 하지만 나는 이러한 위기를 그냥 바라만 보고 있을 수 없었다. '위기가 곧 기회다' 라는 말이 있듯이, 나는 위기를 새로운 터닝 포인트로 삼았다. 이때 내가 선택하고 집중하며 도전한 것이 바로 새벽예배였다.

앞에서 이야기했듯이 나는 신학생 시절에 새벽예배를 빠지기

일쑤였다. 목회를 하면서도 새벽예배를 준비하는 것이 쉽지 않았다. 예배에 참석만 하면 되는 것이 아니라, 설교를 해야 했기 때문이다. 그러나 교회를 살리고 성도의 가정을 살리는 최고의 비결은 기도이며, 그중에서도 새벽예배야말로 으뜸이라는 것을 깨달았다. 실제로 우리 교회 성도들을 보더라도 새벽예배에 나와서 기도하는 가정은 안정적이다. 그렇기 때문에 나 역시 새벽예배를 선택하고 거기에 집중했다.

지금은 나사렛대학교 총장을 겸직하고 있기 때문에 환경적인 조건으로만 본다면 매일 새벽예배를 인도한다는 것은 어려운 일이 되었다. 하지만 나는 여전히 매일 새벽예배를 인도하고 서울역으로 가서 기차를 타고 학교로 출근한다.

총장 사역과 목회를 병행하다 보니 시간적으로 여유가 많지 않다. 특히 학교란 곳은 사역지이기도 하지만 직장에 더 가까운 곳이다. 같은 힘을 써도 에너지가 두 배로 소진된다. 솔직히 스트레스도 많다. 총장으로서 반가운 내용의 보고를 받는 일은 흔치 않다. 그러다 보니 영적으로도 지치는 경우가 많다.

이러한 상태에서 다시 기차를 타고 서울로 와서 교회로 돌아오면, 바로 새벽예배를 준비해야 한다. 때로는 비몽사몽 간에 말씀을 준비하다가 잠에 빠지기도 한다. 잠깐 눈을 붙이고 일어나서 예배를 인도하는 경우도 잦은데, 놀랍게도 그 시간에 하나님께서 인도하시고 새 힘을 주시는 것을 느낀다. 마치 방전된 휴대

새벽예배는 살기 위해 드리는 것이다. 성도들을 살리는 것이기도 하지만, 무엇보다 내가 사는 길이다. 내가 살아야 성도들도 살릴 것이 아닌가.

폰이 충전되는 것과 같다. 그렇게 충전이 되어서 다시 학교에 나오면 하루 동안 그 힘으로 살아간다. 밤이 되면 다시 방전되고, 새벽예배에서 힘을 얻어 그 다음 하루를 살아간다.

그러면서 깨달은 것이 있다. 새벽예배는 살기 위해 드리는 것이다. 성도들을 살리는 것이기도 하지만, 무엇보다 내가 사는 길이다. 내가 살아야 성도들도 살릴 것이 아닌가. 목사가 해이하면 교회 전체가 해이해진다. 그러니 목회자부터 정신 차리고, 목회자부터 살아 있어야 한다.

국외 일정 때문에 3일 정도만 새벽예배를 못 드려도 몸이 어느새 새벽예배를 안 하는 것에 익숙해진다. 핑계일지 모르지만, 그 부분에서는 내가 좀 둔감한 편이다. 그렇기에 몸부림을 치며 육체를 단련하고 훈련을 해야 했다. 그렇게 발버둥치는 모습을 하나님께서 긍휼이 여기신 것은 아닌가 하는 생각이 든다. 계속해서 새벽예배에 설 수 있도록 세워 주시니 말이다.

그렇게 나는 늘 새벽예배를 강조했고, 한 명으로 시작한 새벽예배가 이제는 많이 활성화되었다. 특히 40일 특별 새벽기도 기간에는 300명 정도가 출석한다. 장년부의 주일 예배 출석 인원이 900명 이상이라는 것을 감안하면 적지 않은 숫자다. 아쉬운 것은 40일 특별 새벽기도 기간이 끝나면 참석 인원의 반이 줄어든다는 것이다. 한 가지 더 안타까운 것은 내가 종종 국외에 나가는데, 담임목사가 새벽예배를 인도하지 않는 날에도 참석 인원이 줄어든다는 것이다.

물론 지금 이렇게 새벽예배가 부흥한 것도 예전에 비하면 감사한 일이다. 하지만 우리는 더 많은 성도가 새벽예배에 참석하도록 노력할 것이다. 지금은 130명 정도가 드리는 새벽예배를 150명이 참석하도록 노력하고, 그 다음엔 180명이 참석하도록 노력하면서 조금씩 목표를 늘려 나갈 것이다. 우리 성도들을 살리고, 지역을 살리고, 이 나라를 살리는 유일한 길이 바로 새벽예배이기 때문이다.

06

기존 성도와 새로운 성도의 조화

• • •

허리를 굽혀 잡초를 뽑는 사람이 있었다. 그 사람의 이마에서는 땀방울이 뚝뚝 떨어졌다. 그 사람은 씩씩대면서 혼잣말로 이렇게 불평했다.

"이 귀찮은 잡초만 없다면 뜰이 좀 더 깨끗할 텐데. 하나님은 왜 이런 잡초를 만드셨을까?"

그러자 이미 뽑혀 뜰 한쪽 구석에 누워 있던 잡초가 그 사람을 보고 말했다.

"당신은 나를 귀찮은 존재라고 말하지만, 제 말 좀 들어 보세요. 우리는 당신에게 도움을 주고 있습니다. 우리가 뿌리를 흙 속에 내려서 흙덩이를 잘게 부수고 있습니다. 비가 올 때는 흙이 떠내려가는 것을 막죠. 또 건조한 시기에는 바람에 흙이 날리지 않게 합니다. 만약 우리가 없다면, 당신은 꽃을 기르려 해도 빗물에 흙이 떠내려가고, 바람에 흙이 날아가 버려서 그렇게 하지 못했을 거예요. 꽃이 아름답게 필 때마다 당신은 우리에게 고마워 해야 합니다."

그렇다. 관점의 차이이다. 어떻게 보는지에 따라 감사할 수도 있고, 불평할 수도 있다. 어떻게 보는지에 따라 대수롭지 않게 여길 수도 있고, 감격할 수도 있다.

상암동교회에는 내가 부임하기 전부터 오랫동안 유지되어 온 교구들이 있었다. 그런데 하나님의 은혜 가운데 교회가 약 스무 배 정도까지 성장하면서 문제가 생겼다. 새로운 성도들과 기존 성도들이 잘 어울리지 못하는 것이었다.

이때 성도들에게 무조건 목회자인 나만 잘 따라오라고 할 수는 없었다. 한 가지 기준만으로 모든 성도를 대할 수도 없었다. 무엇보다 나 자신이 한 가지 관점만으로 그들을 바라볼 수 없었다. 뜰에서 꽃과 함께 자란 잡초같이, 문제로 보이는 것도 다른 관점에서 보면 충분히 필요하고 이해할 만한 일이 될 수 있기 때문이다.

가령, 기존 성도들은 오랜 기간 이 교회에서 신앙생활을 했기 때문에 새로운 성도들에 비해서 교회를 잘 알고, 그렇기에 많은 부분에서 의견을 개진할 수 있다. 부정적인 관점으로 보면 텃세를 부리는 것으로 비칠 수 있으나, 긍정적인 관점으로 바라보면

2000년 임대 교회 시절 우리 교회의 모습이다. 건물 왼편 끝에 입구가 보인다. 나는 어려웠지만 은혜가 넘쳤던 과거를 회상하며, 지금도 많이 힘들어하는 한국 교회에 '희망의 끈'이 되고자 한다.

상황은 달라진다. 그들은 누구보다 교회를 잘 알고 교회를 사랑하기에 그렇게 행동하고 의사 표명도 할 수 있는 것이다.

새로운 성도들을 바라볼 때에도 마찬가지이다. 그들 중에는 초신자도 있지만 수평 이동을 한 성도들도 있다. 그들은 새로 옮긴 교회에서 열정을 다해 무엇인가를 하고 싶어 하고, 의견을 내야 할 때도 적극적이다. 그래서 기존 성도들의 의견이 강하게 작용할 때면 서운해 하기도 한다. 이 역시 부정적인 관점으로 본다면, 그들이 욕심을 부리는 것처럼 보일 수 있지만 다른 관점에서 보면 충분히 이해할 수 있는 일이다. 오히려 그런 열심이 더욱 멋져 보이기도 한다.

그래서 나는 부정적인 관점을 버리고 기존 성도들과 새가족들을 바라보았다. 그리고 각각의 특성에 맞게 성도들의 마음을 존중해 주었다. 그 일환으로 기존 성도들에게는 핵심적인 의사 결정권을 부여했다. 그랬더니 그들은 자신들이 존중받는다고 생각하고 교회를 위해 더욱 헌신했다. 실제로 기존 성도들은 오랫동안 교회를 지켜 왔기 때문에 신뢰할 수 있는 부분이 많다. 그러니 그들에게 중요한 일에 의사 결정권을 부여하는 것은 타당하다고 생각한다. 무엇보다 그동안 그들의 기여와 수고를 인정해 줄 필요가 있다.

또한 새로운 성도들에게는 봉사하고 헌신할 수 있는 사역의 기회를 더 많이 부여했다. 그러면서 서서히 교회에 정착하면 의사를 결정할 수 있는 구조에 들어오게 했다. 물론 이 과정에서 어려움도 있었다. 봉사 자체로 만족하는 사람들도 있지만, 의사 결정권이 처음부터 주어지지 않는 것을 받아들이지 못하는 사람들도 있었다. 하지만 처음부터 새로운 성도들에게 의사 결정권을 주는 것은 자칫하면 부담감을 안겨 주는 일이 될 수도 있다. 오히려 봉사를 통해 교회 비전과 분위기에 익숙해진 뒤에 결정권을 주는 것이 옳다고 생각한다.

이 방법은 두 부류의 성도들을 변화에 적응하게 하는 데 효과적이었다. 덕분에 성도 수가 늘면서 겪게 되는 과도기를 잘 이겨낼 수 있었다. 물론 그 가운데서도 상처를 입고 떠난 성도가 없는 것은 아니었다. 때로는 그런 아픔도 있었지만 하나님께서는 지혜롭게 그 시기를 지나가게 하셨다.

목회자는 성도들과 편중되게 친해져서는 안 된다. 또한 편견과 선입견으로 그들을 바라보아서도 안 된다. 올바르면서도 긍정적인 관점으로 대해야 한다.

그런 관점으로 모든 성도를 이해하고 사랑할 수 있는 목회자를 나 역시 꿈꾸고 있다.

07 동역자 의식을 유지하라

•••

어느 날, 목공소의 연장들이 회의를 열었다. 사회는 평소와 같이 망치가 맡았다. 그런데 회의 도중 몇몇 회원이 반기를 들고 사회자 망치에게 불만을 토로하였다.

"망치는 항상 깨고 부수는 자요, 늘 소란을 피우는 자니 여기서 떠나야 합니다."

그러자 망치가 말했다.

"좋습니다. 나 역시 나의 결점을 인정합니다. 내가 이곳을 떠나겠습니다. 하지만 나와 함께 떠나야 할 자가 있으니, 바로 대패입니다. 왜냐하면 대패가 하는 일에는 전혀 깊이가 없고 늘 남의 허물을 감싸기는커녕 벗겨내기 때문입니다."

이에 화가 난 대패가 말했다.

"나뿐만 아니라 자尺도 나가야 합니다. 왜냐하면 자는 자기만 옳다는 듯이 항상 남을 측량하므로 모두에게 덕이 되지 못하기 때문입니다."

그러자 조용히 듣고 있던 자가 벌떡 일어나 톱을 지적하면서 이렇게 말했다.

"톱은 연합 운동은 안 하고 분리 운동만 하고 있으니, 여기에서 가장 불필요한 자입니다."

이 말을 들은 톱은 사포sandpaper를 향해 소리쳤다.

"사포! 너도 너무 거칠어."

이렇게 서로가 한창 다투고 있을 때 목수가 들어왔다. 그런데 그 목수는 이 모든 연장을 총동원하여 순식간에 아름다운 설교단을 만들었다. 서로 약점만 들추며 다투던 연장들은 결점 많은 자신들이 이처럼 좋은 일에 쓰임 받는다는 사실에 감탄했다. 그리고 이렇게 말했다.

"우리가 목수의 동역자들이구나!"

우리 역시 마찬가지이다. 사람들에게는 각자 개성이 있다. 맡은 일도 제각기 다르다. 그래서 서로 다르다는 이유로 갈등을 빚고 상대방을 하찮게 여기기도 한다. 그러나 동역자 의식을 갖게 되면 상황은 달라진다. 나와 다름이 감사의 이유가 된다. 내가 못하는 것을 해내는 상대가 그저 고마울 뿐이다.

어느 공동체에서나 이런 마음을 먹는 것이 중요하겠지만 교회 안에서는 더욱 그러하다. 모두가 동역자이라는 인식을 한시도 잊어서는 안 된다. 특히 신구新舊 간에도 그래야 한다. 새로운 사람이 들어오면 공동체 내의 갈등은 더 심화될 수 있다. 실제로 한국 교회에서 자주 나타나는 현상이다. 새로운 목회자가 부임했는데도 이전 목회자만 따르려고 하는 사람들이 있다. 혹은 새로운 목회자만 좋아하고 전임 목회자를 무시하려는 사람들이 있다. 그래서 이런 문제로 교회 내에 보이지 않는 갈등이 형성되곤 한다.

나도 상암동교회에 새로운 교역자로 부임하였기 때문에 이 부분을 조심해야 했다. 부임 후 얼마 지나지 않아 사무 연차 총회가 열렸다. 교회 내 연례회의를 우리 교단은 사무 연차 총회라고 부른다. 다른 교단의 공동 의회처럼 모든 세례교인이 참석하는 큰 회의다. 당시 나는 발표를 통해 전임 목회자가 세웠던 계획들을 이어서 진행하고자 하는 뜻을 밝혔다. 그러나 어떤 성도는 전임 목회자의 계획이 아닌 새로운 사역 계획을 세워 진행하기를 기대하고 그렇게 해달라고 요청하기도 했다. 어쩌면 새로 부임한 목회자에게 힘을 실어 주려는 것일 수도 있었겠지만 내 생각은 달랐다. 그래서 결국 나는 성도들을 설득하기로 했다.

"전임 목사님께서 이 교회에서 13년 이상 목회를 하셨습니다. 13년 이상 목회하신 분의 계획을 이제 갓 부임한 목회자가 뒤집을 수는 없습니다."

교회 공동체에서는 모두가 동역자라는 인식을 한시도 잊어서는 안 된다. 권위를 내세우기 전에 먼저 상대방을 진심으로 존중하는 동역자 의식이 필요하다.

이런 경우에 성도들은 서운하게 느낄 수도 있다. 그러나 전임 목회자 역시 나와 동역자이기 때문에 그분의 뜻을 따르는 것도 필요했다. 그래서 나는 그해 말까지는 전임 목회자의 뜻을 따르기로 결정했고 실제로도 그렇게 했다.

생각해 보니, 그것이 어쩌면 나에게는 다행인 것 같다는 생각도 든다. 새로운 교회에 적응할 수 있도록 하나님께서 지혜를 주신 것이다. 전임 목회자의 사역을 유지하는 6개월 동안 구체적인 목회 계획을 세울 시간을 마련할 수 있었고, 기존 성도들과는 사무 연차 총회 때의 오해를 풀고 오히려 서로 마음의 문을 여는 계기가 되었다.

물론 기존의 계획들로만 목회를 할 수는 없는 일이었다. 나도 담임 목회자로서의 역할을 제대로 감당해야 했다. 그래서 석 달 후에는 전임 목회자와 교회 사역을 연관 짓지 말라고 공포했다. 그렇게 존중을 할 때는 존중하고 권위를 세워야 할 때는 권위를 세우면서 교회를 이끌었다.

이런 일은 교회 내에 비일비재하다. 이때 무엇보다 중요한 것은 동역자 의식이다. 나와 다르다는 이유로 상대방을 적으로 간주하는 대신 그들을 같은 목적을 향해 달려가는 동역자라고 생각해 보자. 만약 상대방에게 문제가 있다면 하나님이 해결해 주실 것이다. 그저 동역자 의식으로 양보할 때는 양보하고 내 뜻을 내세워야 할 때는 확실히 내세우고 진행하면 된다.

그런 동역자 의식에는 상대방을 진심으로 존중하는 자세가 바탕이 되어야 한다. 성도들과 전임 목회자를 존중해야 한다. 일반적으로 원로목사가 그 교회에 30년 이상을 사역했으면 원로목사의 지도력이 빠져나가는 데 30년 이상이 걸린다. 그래서 어떤 교회는 원로목사님께 다른 교회에 출석해 달라고 요청하는 경우도 있다.

그러나 그런 처사에는 문제가 있다. 새로 온 목회자와 성도는 모두 원로목사를 인정해야 한다. 절대로 소외 시켜서는 안 된다. 원로목사가 이룬 사역에 늘 감사해야 한다. 원로목사뿐만 아니라, 전임 목회자도 이와 동일하게 존중해야 한다. 이런 목회 철학 덕분에 나는 지금까지 전임 목회자와 매우 좋은 관계를 유지하고 있다.

08

미미하지만 소중한 존재

• • •

자신의 존재와 영향력이 미미해 보인다고 생각한 적이 있는가? 요즘 우리는 숨이 막힐 듯한 무한 경쟁 시대에 살고 있다. 미래에 대한 불안감과 극도의 외로움, 손쓸 수 없는 소외감은 우리의 이웃이다. 살고 싶다고 해서 살아지는 것도 아니요, 죽고 싶다고 해서 쉽사리 죽어지는 것도 아니다.

이러한 환경 속에서 우리는 점점 작아져 스스로를 모자란 존재로 평가할 때가 많다. 하지만 한 사람 한 사람은 모두 그 존재 자체만으로 소중하다. 존재 자체가 힘이다. 생명은 힘이다.

엘리사벳 노벨Elizabeth Nobel의 시 〈조금〉A Little을 보면 다음과 같은 내용이 나온다.

설탕을 조금 가지고도 음식 맛을 달게 낼 수 있습니다.
비누를 조금 가지고도 우리 몸을 깨끗이 씻을 수 있습니다.
조금의 햇볕으로도 새싹이 자랍니다.
조금 남은 몽당연필로도 책 한 권을 다 쓸 수 있습니다.
조금 남은 양초의 하늘하늘 춤추는 불빛이 아무리 작더라도 그 불빛은 귀합니다.

이러한 사실을 인정한다면 우리는 우리 자신을 소중히 여길 수 있다. 더불어 다른 사람들 역시 그 자체로 존귀한 존재임을 인정할 수 있을 것이다. 그리고 그 인정하는 마음이 '참' 이고 진실이라면, 그 마음은 '관심' 으로 드러난다. 존재의 소중함과 관심은 일맥상통하기 때문이다.

교회에서 한 사람 한 사람에게 관심을 보이는 일은 억지로 되는 것이 아니다. 단지 성도 수를 유지하거나 늘리기 위한 차원으로 접근해서는 안 된다. 그 사람이 보물과도 같은 존재임을 알아야 한다.

어린 시절에 작은 형에게 들은 이야기가 하나 있다. 이 이야기는 목회를 하는 나에게 굉장한 영향력을 미쳤다. 당시 육군본부에서 근무한 형은 한 영관 장교를 모시고 있었다. 그 영관 장교는 전화번호가 적혀 있는 수첩을 펼쳐 놓고 전화하는 것으로 하루 업무를 시작했다고 한다. 그 수첩에는 일주일에 한 번 전화 걸어야 하는 사람, 이 주일에 한 번 걸어야 하는 사람, 한 달에 한 번 걸어야 하는 사람이 나뉘어 있었고, 그는 출근한 후에 그 일정에 맞추어 전화를 했다. 그러다 보니 인간관계가 좋을 수밖에 없었다.

혹자는 '인간관계를 위해 가식을 부리는 것이 아닌가?' 하고 생각할지도 모르겠다. 그러나 그 정도의 노력이 깃들 정도라면 가식만으로는 부족하다. 적어도 그 영관 장교는 곁에 있는 사람들의 소중함을 느끼고 있었을 것이다. 그래서 그들과 끝까지 좋은 관계를 유지하고 싶었을 것이고, 함께하기 위해 바쁜 일정까지 쪼개어 가며 연락을 했을 것이다.

어린 시절 스치며 들었던 이 방법론은 나에게 신선한 충격을 주었다. 그리고 목회를 시작할 즈음에도 나에게 중요한 영향을 끼쳤다. 교회에 부임했을 당시 우리 교회는 나이 드신 성도 서너 명 정도가 출석하는 작은 교회였다. 그때 나는 그분들께 매일 저녁 전화를 했다. 새로 부임한 목사의 계속되는 전화를 싫어할 사람이 누가 있겠는가. 관심을 가져 주는데 누가 마다하겠는가. 나이 드신 분들에게는 전화를 걸어 안부를 전하고 아이들한테는 학교 앞 횡단보도에서 과자를 나눠 주며 관심을 보였다. 또한 새벽기도 시간에는 성도들의 이름을 하나하나 불러 가면서 기도했다.

앞서도 말했지만, 그러한 관심이 진심으로 전해지려면 먼저 누구든 존재 자체로 소중함을 인정해야 한다. '헌금을 많이 하는 성도', '봉사를 많이 하는 성도', '나에게 잘해 주는 성도' 등 이런 조건은 중요하지 않다. 남녀노소가 다 소중하다. 진실한 마음으로 관심을 전하면, 사람들은 마음 문을 연다.

나도 소중하다. 그리고 남도 소중하다. 존재 자체만으로도 귀하다. 이 사실을 확실히 인정한다면, 그 소중함을 간직한 채 표현하라. 마치 귀하고 값진 보석을 매일 어루만지듯 하라. 우리가 보기에는 미미할지 모르지만, 천만의 말씀이다. 하나님 앞에서 우리 모두는 크고 존귀하고 그 자체만으로도 사랑스러운 존재이다.

09

하나님 나라의 시민권을 얻은 자의 삶

• • •

로마 시대에 로마 시민권자에게는 투표권과 10퍼센트의 속주세 면제, 정식 재판에서 죄인으로 판결 받기 전까지 체벌과 고문을 받지 않을 권리 등 여러 가지 특권이 주어졌다. 이러한 특권을 누리는 시민권은 누구나 얻을 수 있는 것이 아니었다. 많은 돈을 지불하거나, 부모가 시민이거나, 25년의 군복무를 마쳐야 했다.

군 복무를 마치고 시민이 되면 장교로 진급할 수 있었으며, 퇴직 후에는 연금이 보장되었다. 당시 전쟁은 끊이지 않았기에 전쟁터에서 25년을 살아남는다는 것은 쉬운 일이 아니었다. 하지만 사람들은 시민권을 얻기 위해 기꺼이 목숨을 걸었다.

이러한 상황에서 바울은 빌립보 교회 성도들에게 “우리의 시민권은 하늘에 있다"빌 3:20고 말했다. 로마 시민권을 얻기 위해 온 삶을 바쳤는데, 하물며 더 크고 놀라운 하늘의 시민권, 곧 하나님 나라의 시민권을 위해 어찌 가만히 있을 수 있겠는가.

그렇다면 이렇게 놀라운 시민권을 받은 우리가 해야 할 일은 무엇일까? 하나님 나라의 시민답게 살려면 우리는 과연 어떻게 해야 할까?

값없이 하늘의 시민권을 얻은 자는 세상 만물의 주인이 하나님이심을 인정해야 한다. 동시에 하나님의 나라를 확장하기 위해서는 그 무엇도 아깝지 않은 삶의 태도를 보여야 한다. 우리가 이렇게 할 수 있는 이유는 이미 하늘의 시민권을 얻은 사람이기 때문이다. 우리는 이 땅의 것에 미련이 없으며, 그렇기에 헌신이 아깝거나 억울하지 않다.

하나님께서는 내가 교수로 사역한 10년 동안 모은 돈으로 아파트를 장만할 수 있도록 해주셨다. 멋진 보금자리가 생겼다는 생각에 정말로 감사했다. 그러나 교회 건축을 앞두고는 내 것을 모두 하나님께 드려야 한다는 생각이 들었다. 결국 하나님께 받은 아파트를 그대로 돌려 드리기로 했다. 2년간의 사례비도 헌신했다. 그러자 성도들도 자신의 것을 아끼지 않고 내어 놓기 시작했다. 그때 나는 아파트를 장만했을 때와는 비교도 할 수 없는 감사를 느꼈다. 목회자가 먼저 교회와 성도를 섬기면 이 일은 곧 하나님 나라의 확장으로 이어진다.

2003년 건축을 시작해 누구보다 깊이 하나님의 은혜를 체험한 우리 교회는 지역사회에 꼭 필요한 교회, 지역사회에서 확실한 존재감이 있는 교회가 되어 활발히 사역하고 있다.

미국에서 목회를 하던 시절, 캔자스 연회에 속한 로버트 세라토Robert Cerrato 감독과 식사를 함께 한 적이 있다. 사실 우리나라 같으면 감독이나 총회장 같이 높은 분이 오시면 우리가 접대해야 한다고 생각한다. 나 역시 로버트 세라토 감독을 대접하려는 마음으로 좋은 레스토랑에 가서 식사를 했다. 식사를 마치고 계산을 하려는데 갑자기 세라토 감독이 밥값을 지불하려고 나섰다. 그래서 나는 "제가 모시는 것이니 제가 대접하겠습니다"라고 말했다. 그러나 세라토 감독은 극구 사양하며 이렇게 말했다.

"자네가 돈이 더 많은가, 내가 더 많은가?"

사소한 사건일 수도 있지만 나는 적지 않은 충격을 받았다. 그는 임대 교회에서 목회하는 내 심정을 잘 알았다. 그래서 나보다 재정적으로 넉넉한 자신이 밥값을 지불하는 것이 당연하다고 생각한 것이다. 나는 그 일을 계기로 하나님 나라 안에서 주고받는 아름다움을 새삼 깨달았다.

나는 그때의 경험과 깨달음을 계기로 성도들을 대접하는 습관이 생겼다. 물론 섬김 자체가 하나님의 축복을 받는 것이기에 내가 계속 베풀면 성도들이 섬길 기회를 잃는 것 같아 요새는 자제하는 중이다. 하지만 그때의 경험 이후로 목사가 성도를 영의 양식으로만 양육하는 섬김을 넘어서 육의 양식으로도 섬기는 모습을 실천하고 있다. 그것이 하나님 나라의 시민권을 얻은 자로서 할 수 있는 나의 작은 실천이다.

하나님의 사랑이 오가는 곳에는 그 일 자체로 놀라운 역사가 일어난다. 한번은 성도에게 4천 원짜리 칼국수 한 그릇을 산 적이 있다. 정말 소박한 한 끼 식사 대접이었다. 계산을 마친 나에게 그 성도는 이렇게 말했다.

“제가 모태 신앙인인데 태어나서 목사님께서 밥을 사주신 것은 처음입니다.”

그 성도가 받은 감동은 인사로 끝나지 않았다. 나중에 그 성도는 집을 팔아 건축 헌금으로 드렸다. 자신의 귀한 것을 아끼지 않고 감사를 표현한 그 성도에게 하나님께서 더 큰 것으로 갚아 주실 것을 믿는다. 작은 대접이 한 사람의 마음을 움직이고, 그 가운데서 하나님께 더 크게 헌신하는 역사가 일어났다.

우리는 과연 지금 무엇을 위해 소비하고 있는가? 하나님 나라의 시민으로서 우리는 우리가 가진 것을 하나님 나라를 위해 사용하고 있는가? 우리는 거저 받은 은혜를 거저 갚아야 한다. 값없이 헌신해야 한다. 작은 것부터 대접하고 헌신해 보자. 그러면 놀랍게도 하나님 나라의 시민들 사이에 그 행위가 퍼지고 퍼져 하나님 나라의 아름다운 문화를 형성해 갈 것이다.

10

멀리 보라

• • •

도박을 좋아하는 사람들은 대체로 참을성이 없다. 도박의 종류에 따라 차이가 있기는 하지만 대체로 도박을 하는 시간은 짧은 경우에는 몇 초, 길어도 30분을 넘지 않는다. 따라서 도박꾼들은 그 이상 기다리는 것을 참지 못한다.

도박은 그 특성상 성공과 실패의 결과가 즉각적으로 나타나기 때문에 도박에 빠진 사람은 만족을 누리지 못한다. 그래서 도박을 좋아하는 사람은 한 달에 한 번씩 월급 받는 일을 견디지 못한다. 이 사람들의 특징은 항상 마음이 조급하고 초조하다는 것이다.

그렇다면 도박에 빠진 사람들만 마음이 조급하고 초조할까? 하나님을 보지 않고, 하나님을 의식하지 않고, 사람들만 보고, 사람들만 의식하며 사는 인생도 조급하고 초조하기는 마찬가지이다. 조급하고 초조하다고 앞만 보고 살면 그 삶이 지그재그로 왔다갔다 한다.

그러나 주님을 바라보며 그분을 의식하면서 멀리 내다보면 조금 더딜지는 몰라도 똑바로 갈 수 있다. 기다리자. 잉태된 생명이 10개월이 지나면 반드시 세상에 나오듯 하나님의 때가 되면 반드시 열매가 열리게 되어 있다.

안타깝게도 오늘날 목회자들도 대부분 조급하다. 복음에 대한 열매를 빨리 거두고 싶어 하기 때문이다. 복음에 대한 열망은 중요하다. 한 사람에게라도 더 복음을 전하려는 마음도 필요하다. 그러나 복음을 전하는 일에는 발에 불똥이 떨어진 것처럼 뛰되, 결과 앞에서는 인내해야 한다. 마음 문을 열게 하시는 분은 성령님이시다. 우리는 그저 심고 기도하며 기다리면 된다.

또한 복음을 전하는 방식에도 침착함과 인내심이 필요하다. 요즘 시대에는 특히나 이 부분에 주의해야 한다. '예수 천당 불신 지옥' 을 외치면서 강렬함만을 강조하며 복음을 전하는 것이 과연 이 시대의 전도에 적합할까? 때로는 복음에 위화감을 덜고 부드럽게 전도하는 방법도 필요하다.

요새는 어느 교회에서 왔으니 문 좀 열어 달라고 하면 긍정적으로 반응하는 사람이 거의 없다고 해도 과언이 아니다. 과거와는 완전히 다른 세상이 된 것이다. 그러니 빨리 도착하기 위해 무작정 달려가서는 안 된다. 속도보다 중요한 것은 방향이다.

오늘날에는 인간관계를 형성하는 것이 우선되어야 한다. 원하는 것을 얻으려면 먼저 무조건 친해지라는 등의 처세술을 말하는 것이 아니다. 복음을 들이대기 전에 먼저 관계 안에서 행동을 통해 하나님을 보여 주라는 것이다.

하나님이 살아계신 분임을 내 삶을 통해 보여 주고, 내 마음과 행동을 통해 하나님의 사랑이 얼마나 큰지를 보여 주어야 한다. 이 방법이 느리지만 가장 안전하고 정확하게 복음을 증거하는 길이다. 그렇게 시간이 흐르다 보면 상대방은 '아, 저 사람이 믿는 예수, 나도 믿어 봐야겠다' 고 생각할 것이다.

특히 목회자가 이런 자세를 갖추고 있어야 한다. 전도는 성도에게 맡겨 버리고 설교 사역에만 힘쓰다 보면, 과거 방식의 전도가 지속될 우려가 있다. 목회자가 앞장서서 위와 같은 전도의 본을 보이고, 늦더라도 설교와 교육을 통해 올바른 전도 방법을 안내해 주어야 한다. 전단지 만들 듯 전도지를 만들어 뿌리는 차원의 전도, 성도 수를 늘리는 데에만 급급한 전도, 일시적인 총동원 전도 등의 방법은 접어 두고 영혼을 사랑하는 전도를 구상하고 가르쳐야 한다.

마음이 조급한가? 열정이 식지 않도록 끊임없는 기도로 성령의 불을 지피자. 그리고 그 안에 함께하시는 하나님을 향한 신뢰를 잃지 말자. 그분을 온전히 신뢰한다면 속도를 늦추자. 전도해야 할 영혼을 마음에 품고 천천히 다가가자. 마치 산모가 뱃속에 아기를 열 달 동안 품듯, 마음으로 그 영혼에게 더 깊이 다가가 행동으로 먼저 하나님을 알게 하자.

내가 이런 생각을 좀 더 강하게 하게 된 이유는 새가족 정착률의 현실 때문이기도 하다. 우리 교회는 매년 적지 않은 수의 새가족이 등록한다. 그런데 정착률이 65퍼센트 내외에 지나지 않는다. 이 수치가 의미하는 바는, 전도를 하지만 그들을 진정으로 하나님과 만나게 해주겠다는 지속적인 움직임은 부족하다는 뜻이다.

지금 우리 교회는 이 문제를 극복하기 위해 새가족 사역 팀을 보강하고 전 교역자들과 평신도 리더들이 힘을 모으고 있다. 그리고 앞서 말한 방법대로 전도를 하고 새가족을 정착시키고자 노력한다. 늦더라도 천천히 움직이려고 한다. 한 영혼이라도 더 살리겠다는 마음으로 말이다. 아직은 부족하지만 천천히, 그리고 꾸준히 노력한다면 어느 날 눈물로 뿌린 씨가 열매를 거둘 날이 올 것이다.

11

잘못을 탓하기 전에

• • •

어느 작은 시골 마을의 성당에서 신부가 미사를 집전하고 있었다. 신부 곁에서 시중을 드는 복사 아이가 그만 실수로 성찬을 행하는 포도주 잔을 놓치고 말았다. 잔은 깨어지고 포도주는 땅에 쏟아졌다. 신부가 화가 나서 그 아이의 빰을 때리면서 이렇게 말했다.

"다시는 제단 앞에 나타나지 말아라."

신부는 아이를 호되게 나무라며 정죄했고, 아이는 울면서 돌아갔다. 훗날 그 아이는 유고슬라비아의 독재자로 유명한 요시프 티토Josip Broz Tito 대통령이 되었다.

어느 큰 도시의 성당에서도 이와 똑같은 사건이 일어났다. 신부는 어찌할 줄 모르고 두려워 떠는 아이를 따뜻한 눈빛으로 들여다보며 조용히 말했다.

"너는 커서 신부가 되겠구나."

신부의 격려대로 그 아이는 커서 유명한 풀턴 쉰Fulton J. Sheen 대주교가 되었다.

예수님도 부활하신 후에 실수하고 나약한 모습을 보이며 숨어 있던 제자들을 나무라거나 정죄하지 않으셨다. 오히려 그들을 격려하시고, 그들에게 사명을 주셨다. 그러자 제자들은 새로운 힘을 얻어 영향력 있는 부활의 증인이 되었다. 우리 역시 격려하는 사람이 되어야 한다. 그리고 그 격려를 통해 사명을 인식시키고 일깨워 주는 사람이 되어야 한다.

격려만큼이나 칭찬도 필요하다. 정말 요란한 사고뭉치인데다 칭찬할 만한 구석이 하나도 없는 아들이 있었다. 그런데 어느 날 그 아들이 화장실 청소를 말끔히 해놓은 것을 보고 어머니가 칭찬을 해주었다. 아마도 그것이 유일한 칭찬이었을 것이다.

며칠 후 그 어머니는 학부모 모임에 갔다가 아이들의 사물함마다 장래 희망이 붙어 있는 것을 보았다. 그런데 어느 아이의 사물함에 '청소부'라고 적혀 있는 것을 보고 궁금하여 이름을 확인해 보니 바로 자신의 아들 이름이 적혀 있는 것이 아닌가.

어머니는 아들에게 공부를 시키면서 칭찬을 많이 해주기로 결심했다. 영어 학원에도 보내고 공부하는 모습을 볼 때마다 칭찬을 아끼지 않았다. 어느 날 우연히 본 아들의 일기장에는 이렇게 쓰여 있었다. '영어 공부를 죽도록 열심히 하자.' 어머니는 작전이 성공한 것 같아서 내심 기뻤다. 하지만 그 일기의 끝에는 이렇게 한 줄이 더 적혀 있었다. '열심히 공부해서 미국의 빌딩 청소부가 되자!'

우스갯소리이기도 하지만 칭찬의 힘이 얼마나 크고 얼마나 오래가는지를 잘 보여 주는 이야기이다. 내가 특별히 격려와 칭찬을 적용하는 대상은 부교역자들이다. 우리 교회의 부교역자들은 다 내 제자들이다. 내가 학교에서 10년 동안 교수로 있었기 때문에 부교역자들을 보면 부족한 점이 눈에 더 잘 들어온다. 그런데 그런 점이 결코 그들만의 문제라고는 생각하지 않는다.

나는 오히려 '내가 잘못 가르쳤기 때문이다. 남을 탓하기 전에 내 자신을 먼저 돌아보자'라고 생각한다. 그래서 A/S 하는 심정으로 그들에게 다가간다. 물론 미래를 위해 야단도 치고 싫은 소리도 한다. 그러나 사역을 내려놓으라는 식의 말은 절대로 하지 않는다. 오히려 그들이 나갈 때에는 교회를 개척할 수 있도록 도와줬고 앞으로도 계속 그렇게 하고 싶다.

또한 부교역자들에게 어떤 지시를 할 때에도 의무감 때문에 무조건적으로 하게 하는 것보다는 자발적으로 할 수 있도록 유도한다. 새벽예배의 경우가 그렇다. 사실 새벽예배를 매일 출석하는 일은 쉽지 않다. 부교역자들 중에서도 가끔씩 새벽예배에 나오지 못하는 경우가 있다. 그러나 그것을 나무라지는 않는다.

나 역시 과거에 새벽예배를 힘들어했던 기억이 있기 때문이다.

그러나 지금은 대학교 총장직을 겸하고 있어 매일 천안으로 출퇴근하면서도 새벽예배를 직접 인도하는 것이 무척 즐겁다. 의무감만으로는 감당할 수 없는 일이다. 때로는 하나님께서 새벽예배에 충실하지 못했던 과거의 나와 새벽 데이트를 나누지 못하셨던 아쉬움을 이렇게 채우시는 것인지도 모르겠다는 생각이 든다. 그래서 나는 부교역자들이 새벽예배에 나오지 못했을 때 "지금 하지 못한다면 나중에 두 배로 더 힘들어진다"는 경험이 담긴 조언을 해주곤 한다. 그리고 성도들에게 부정적인 평가를 받기 전에 내가 먼저 평가하려고 노력한다. 담임목사이기는 하지만 나 역시 같은 교역자의 입장에서 그들이 성도들보다는 나에게 평가받는 것이 덜 상처가 된다는 것을 알기 때문이다. 사실 부교역자가 성도들에게 나쁜 평가를 받으면 사역을 하기가 힘들어진다. 그래서 성도들에게 안 좋은 평가를 받는 교역자가 되지 않도록 내가 먼저 조언해 주는 것이다.

물론 나도 부교역자를 대하는 일에 아직은 많이 부족하다. 칭찬을 해야 할 때 오히려 나무란 적도 많다. 그러나 잘못을 지적하기보다는 나의 부족함을 먼저 돌아보려는 태도를 잃지 않도록 앞으로도 끊임없이 노력할 것이다. 또한 비난보다는 칭찬과 격려로 먼저 다가가고자 할 것이다. 더불어 그들이 훗날 담임 목회자가 되었을 때 동일한 방식으로 부교역자들을 대하기를 기대한다.

12

첫 마음을 영원까지

• • •

로리 존스Laurie Beth Jones가 쓴 『청바지를 입은 예수』라는 책에 '물에 빠져 죽은 오리' 이야기가 나온다. 작가가 열 살 때 학교에 다녀와 보니 애지중지하던 오리가 물에 빠져 죽어 있었다. 이 사실을 뒤늦게 안 엄마도 기가 막혔다. 너무나 황당한 모녀는 어쩌다가 오리가 물에 빠져 죽은 것인지 알고 싶어 수의사를 불렀다. 죽은 오리를 부검한 수의사는 이렇게 말했다.

"이 오리는 자신을 잘 돌보지 않아 죽은 것 같습니다. 오리 날개 밑에는 특수한 방수 기름이 나오는데, 이것을 자주 자신의 몸에 발라 주어야 합니다. 그런데 이 오리는 그렇게 하지 않은 것 같습니다. 아마 이 집에서 오리를 과잉보호하신 것 같습니다. 그래서 물에 들어갔을 때 깃털이 물을 머금어 몸이 무거워지자 익

매너리즘에 빠졌을 때는 초심을 떠올린다. 초심을 떠올릴 때 뜨거움이 되살아나고 그때의 패기가 다시 내 안에 깃든다. 우리 교회 건축 당시, 나와 성도들이 첫 삽을 뜨고 있다.

사한 것으로 보입니다."

집에서 오랫동안 사랑만 받아온 이 오리는 날개를 쉬지 않고 움직이면서 방수 기름을 바르는 노력을 하지 않았다. 한번쯤 생각해 볼 내용이다. 오늘 우리의 삶은 어떠한가? 우리의 사역은 어떠한가? 혹시 영적 매너리즘에 빠져 있지는 않은가?

나 역시 매너리즘에 빠질 때가 있다. 2000년에 처음 상암동교회에 부임했을 때는 열정을 다해 열심히 일했다. 그런데 성전을 건축하고 지역사회와 한국 교회를 이 모양 저 모양으로 도울 정도로 교회가 성장하고 나니 조금씩 지쳐 갔다. 나도 모르게 '내가 지금 관리 목회를 하려고 하는 것이 아닌가?' 라는 생각이 들었다. 물론 이러한 모습은 이 시기에 누구에게나 나타날 수 있는 정상적인 모습일 수도 있다. 그러나 매너리즘에 빠진 채 계속 안주해서는 안 된다.

그때 내가 붙잡은 것은 하나였다. 바로 '초심' 이다. 즉 목회를 처음 시작하던 때를 생각하는 것이다. 이것은 당연하면서도 간단한, 그러나 막상 실천하기에는 어려운 것이다. 사실 초심을 회복하는 것이 마음처럼 쉽지 않았다. 하나님의 은혜와 도우심이 필요했다.

어떤 사람은 매너리즘을 극복하기 위해 '새로운 것' 을 찾는다. 분위기를 쇄신하려고 새로운 도전을 한다. 물론 그런 방법도 필요하다. 그러나 나는 초심으로 돌아가서 다시 시작하는 것이 더 근본적인 방법이라고 생각한다. 그렇게 자기 자신을 반추하는 과정 속에서 다시 살아날 수 있다. 그때의 뜨거움이 되살아나고, 그때의 패기가 다시 내 안에 깃든다. 그리고 그때의 순수함이 다시 샘솟는다.

초심 회복을 생각할 때마다 떠오르는 시가 있다. 정채봉 시인의 〈첫 마음〉이라는 시이다.

첫 마음

1월 1일 아침에 찬물로 세수하면서 먹은 첫 마음으로
1년을 산다면,

학교에 입학하여 새 책을 앞에 놓고
하루 일과표를 짜던 영롱한 첫 마음으로 공부한다면,

사랑하는 사이가,
처음 눈을 맞던 날의 떨림으로 내내 계속된다면,

첫 출근하는 날,
신발 끈을 매면서 먹은 마음으로 직장 일을 한다면,

아팠다가 병이 나은 날의,
상쾌한 공기 속의 감사한 마음으로 몸을 돌본다면,

개업 날의 첫 마음으로 손님을 언제고
돈이 적으나, 밤이 늦으나 기쁨으로 맞는다면,

세례 성사를 받던 날의 빈 마음으로
눈물을 글썽이며 교회에 다닌다면,

나는 너, 너는 나라며 화해하던
그날의 일치가 가시지 않는다면,

여행을 떠나던 날,
차표를 끊던 가슴 뛰이 식지 않는다면,

이 사람은 그 때가 언제이든지
늘 새 마음이기 때문에

바다로 향하는 냇물처럼
날마다 새로우며 깊어지며 넓어진다.

우리 교회가 하는 모든 사역이 부디 초심을 잃지 않기를 바란다. 임대 교회 시절 예배를 마치고 축도를 하는 모습이다.

우리 교회가 하는 모든 사역이 부디 초심을 잃지 않기를 바란다. 나부터 그렇게 할 것이고 성도가 모두 처음의 그 마음을 간직하길 바란다. 그래서 앞으로 몇십 년 후에도 처음의 그 열정과 순수함이 하나님 앞에 상납될 수 있었으면 좋겠다.

Part 2

소통

13 상대가 원하는 방식으로 사랑하라

게리 채프먼Gary Chapman의 『5가지 사랑의 언어』를 보면, 사랑을 표현하는 다섯 가지 언어 즉, '인정하는 말'과 '함께하는 시간', '선물', '봉사', '스킨십'이 자세히 설명되어 있다. ❶ 인정하는 말은 칭찬의 언어이다. ❷ 함께하는 시간은 서로에게 관심을 집중시키는 것이다. ❸ 선물은 자신의 마음을 물건으로 표현하는 것이다. ❹ 봉사는 배려하는 행동으로 상대가 원하는 것을 해주는 것이다. ❺ 스킨십은 신체 접촉을 통해 상대방에게 자신의 사랑을 전하는 방법이다.

그런데 이러한 다섯 가지 언어는 누구에게나 똑같은 방법으로 적용되지 않는다. 사람마다 선호하는 언어가 다르기 때문이다. 최근에 남녀가 함께 모인 자리에서 이 언어들을 설명하고 어느 것을 선호하는지 물었다. 놀랍게도 대부분의 남성들은 배우자로부터 인정하는 말, 즉 칭찬의 언어를 듣고 싶어 했다. 또한 여성은 대부분 배우자로부터 선물을 원했다.

여기서 알 수 있는 것은 내 방식대로의 사랑을 표현하는 것이 아니라, 상대가 원하는 사랑의 언어로 다가갔을 때 더 감동적이라는 사실이다. 사랑은 상대가 원하는 것을 해주는 것이다.

같은 맥락에서 얼마 전 우리 교회의 한 성도가 이런 이야기를 들려주었다. 아이를 입양하고 싶어 홀트아동복지회에 입양을 신청했는데 나이가 많다는 이유로 거절당했다는 것이다. 덧붙여 홀트아동복지회가 입양을 불허한 또다른 이유는 '부모가 필요로 하는 아이'를 입양시키는 것이 아니라 '아이가 필요로 하는 부모'에게 아이를 입양시킨다는 것이었다.

이 말에 전적으로 공감한다. 교회는 교회가 필요로 하는 성도나 환경을 찾기보다는 사람들이 지금 무엇을 필요로 하는지에 관심을 두고 거기에 맞춰 사역해야 한다.

오늘날 여기저기서 사랑을 슬로건으로 내세우지만 그것을 정말로 사랑이라고 부를 수 있는지는 누구도 장담할 수 없다. 가슴에 손을 얹고 생각해 보면, 사랑이라 부르며 행한 일 중에는 정작 나 자신을 만족시키기 위한 것이 더 많다.

대표적인 경우가 부모와 자녀와의 관계에서 나타난다. 가령 부모가 자녀에게 "이게 다 너를 위한 거야"라고 말하면서 공부를 더 잘할 수 있도록 이리저리 챙겨 주는 모습이다. 그런 행위는 정작 자녀를 위한다기보다 자녀를 통해 대리만족을 하려는 경우가 많다. 자녀를 위해 엄청난 정성을 쏟는 것 같지만 정작 자녀가 원하는 것을 해주는 것이 아니라, 자기가 원하는 일을 하는 것이다. 그러면서도 자신은 자녀를 위해 많은 수고와 헌신을 쏟았으며, 그것이 자식 사랑이라고 생각한다. 정작 아이는 행복하지도 않은데 말이다.

이처럼 자기 방식대로 자신의 만족을 위해서 상대방을 품는 것은 사랑이 아니다. 오늘날 많은 공동체에서도 사랑을 표방하면서 서로에게 상처를 주고 분열과 갈등을 일으킨다. 그런 현상 역시 사랑과 자기만족을 착각하는 데서 나타나는 일이다.

그만큼 더욱 세심한 관계가 요구되는 목회 현장에서는 '상대방의 필요'를 위해 냉철하게 고민하는 지혜, 남의 마음을 먼저 헤아리는 이해가 필요하다. 그렇게 하기 위해서는 상대방에 대한 일종의 '묵상'이 필요하다. '내가 지금 하고 싶은 것이 뭐지?', '내가 지금 먹고 싶어 하는 것이 뭘까?' 하는 아주 사소한 고민도 상대방의 입장에서 세밀하게 생각해야 한다.

'지금 이 순간, 상대가 원하고 바라고 필요로 하는 것이 무엇일까?'

사랑은 거기서부터 시작된다. 그렇게 고민하고 또 고민하고, 때로는 긍정적인 염려도 해보는 모습 자체가 사랑이다. 그리고 그것이 목회의 한 모습이며, 목자의 마음이다.

자기 자신을 위해 헌신해 놓고서는 남을 위해 헌신했다며 뿌듯해 하고 내 할 도리 다했다며 안심하기 때문에, 교회는 사랑을 외치면서도 병들어 가고 있다. 교회 안에서 남을 위한 작은 노력 하나가 꽃을 피울 때, 성도들이 온기를 느낄 수 있다. 그뿐만 아니라 소외되었던 사람들은 그런 교회를 찾아와 문을 두드린다.

14

이 또한 지나가리라

인생을 바라보는 관점이 바뀌면 모든 게 달라 보인다. 검은 선글라스를 쓰면 모든 게 검게 보이고 빨간 선글라스를 쓰면 모든 게 빨갛게 보인다. 이처럼 내 생각과 감정에 따라 모든 것이 다르게 보인다.

깊은 웅덩이에 빠진 개구리 두 마리가 있었다. 그 모습을 지켜보는 개구리 무리는 웅덩이에 빠진 개구리들에게 엄청난 야유를 퍼부었다.

"절대 올라올 수 없는 깊이야. 못 올라온다고. 그냥 거기서 죽어라."

한 개구리는 그 소리를 듣고 절망해 스스로 목숨을 끊었다. 그런데 다른 개구리는 그 소리를 듣고도 좌절하지 않고 끝내 그 웅덩이에서 빠져나왔다. 개구리 무리 중 한 마리가 물었다.

"넌 우리가 그렇게 단념하고 죽으라고 외친 걸 듣지 못했어?"

그러자 살아 나온 개구리가 이렇게 대답했다.

"나는 귀머거리야. 난 너희가 나를 큰 소리로 응원한 줄 알았지!"

물론 그 귀머거리 개구리는 야유를 퍼붓는 개구리들의 입모양과 표정을 보고 개구리들이 무슨 말을 하는지 다 알아들었을 것이다. 그러나 그런 야유는 가치 없는 비웃음일 뿐이라고 여겼고 당당하게 빠져나왔다. 두 마리 개구리는 같은 야유를 들었지만 받아들이는 태도가 완전히 달랐다. 이렇듯 어떠한 관점을 갖느냐에 따라 살기도 하고 죽기도 한다.

미국의 유명한 작가이자 방송 진행자, 잭 파아Jack Paar는 "삶은 장애물 코스 같은 것인데, 가장 큰 장애물은 바로 나 자신이다"라고 말했다. 장애물보다 더 중요한 것은 장애물을 바라보는 우리의 시각이다.

같은 것이라도 어떻게 바라보느냐에 따라 위기를 극복할 수도 있고, 그 위기에 완전히 갇힐 수도 있다. 이렇듯 관점이나 위기를 대하는 마음 자세가 중요다. 그래서 나는 늘 성도들에게 아무리 어렵고 힘든 일이 있어도 이겨낼 수 있다는 긍정의 마음을 잃지 말라고 강조한다.

어쩌면 목회자인 나보다 성도들이 이 세상을 더 치열하게 살아가는지도 모른다. 교회에 와서 평안과 위안을 얻지만 다시 세상으로 돌아가서는 큰 파도를 만나 고군분투하며 열심히 살아간다. 그런 성도들에게 격려를 함과 동시에 이런 이야기를 꼭 해주고 싶다.

"이 또한 지나가리라."

이 말은 탈무드에서 나온 것이다. 다윗 왕은 잘 알다시피 전쟁을 잘 하는 용장이었다. 가는 곳마다 다 싸워서 이겼다. 다윗 왕이 어느 날 신하를 불러서 "나를 위해서 반지를 하나 만들어 와라" 하고 명령했다. 그리고 그 반지에 글귀를 새겨 오라고 했는데, 그 글귀는 어떤 상황에서도 교만하지 않게 해주는 동시에 절망적인 상황에서도 좌절하지 않고 용기를 줄 수 있는 것이어야 한다고 단서를 달았다.

다윗의 부탁을 받은 신하는 깊은 고민에 빠졌다. 이것은 보통 어려운 숙제가 아니었다. 신하는 고민하다가 지혜로운 솔로몬 왕자를 찾아갔다. 그리고는 왕자에게 모든 사정을 다 털어놓고 자신의 힘으로는 도저히 그 글귀를 찾을 수 없다고 이야기했다. 그러자 왕자가 한 마디를 일러 주었다. 그것이 바로 '이 또한 지나가리라' 이다.

좋은 일도 시간이 지나면 사라진다. 당장은 그런 기쁨이 계속 이어지고 장밋빛 미래가 지속될 것 같지만, 시간이 지나면 그때뿐이란 것을 알게 된다. 그러니 교만할 것도 자랑할 것도 없다. 나보다 못한 사람을 무시할 필요도 없다.

또한 억울한 일도, 슬픈 일도, 하늘이 무너질 만큼 괴로운 일도 시간이 지나가면 다 사라진다. 따라서 이런 일 역시 고민하며 매여 있을 만한 일이 아니다. 그러니 그 어떤 일에도 목숨을 걸 필요가 없고, 안주하려고 할 필요도 없다.

'이 또한 지나가리라' 의 관점을 모든 사람이 늘 간직했으면 좋겠다. 이 안경을 쓰고 세상만사를 바라보고, 이 문구를 마음의 반지에 깊이 새겨 두었으면 좋겠다. 그리고 우리가 바라볼 분은 오직 주님 한 분뿐임을 기억하길 바란다. 특별히 이 세상을 치열하게 살아가는 모든 사람에게 꼭 이 말을 전해 주고 싶다.

15

먼저 용서할 수밖에 없는 존재

• • •

한 부모가 몸이 아픈 아들의 진료를 위해 병원에 갔다. 아들의 간에서 치명적인 종양이 발견되었기 때문이다. 병원에서는 아들에게 항암 치료제를 투입했다. 그런데 항암 치료제 투입 후 갑자기 아이가 발작을 일으키더니 곧 죽고 말았다. 어떻게 약을 처방하고 치료했는지 역추적을 해보니 항암 치료제의 투여량이 정상치의 열 배나 되었다. 의사는 본인의 과실을 인정했다. 아마 일반적인 경우라면, 그 아이의 부모는 의사의 멱살을 잡고 분을 참지 못했을 것이다.

그런데 의사의 이야기를 조용히 듣던 부모는 이렇게 말했다.

"우리 아이를 살려 보려고 노력한 선생님께 감사드립니다. 우리는 죽은 아이가 예수님과 함께 천국에 가 있다는 것을 확신합니다. 너무 심려하지 마세요."

자기 아들을 살려 내라고 아우성치거나 소송을 하겠다고 협박하는 것이 아니라, 하나님께서 데리고 가셨으니 괜찮다고 말한 것이다. 의사는 큰 감동을 받고 거듭난 그리스도인이 되었다. 그리고 후에 아버지가 경영하던 자선단체의 재단을 물려받아 운영했다. 이 의사의 이름이 바로 존 템플턴John Templeton이다. 그리고 그가 운영한 재단은 종교계에 큰 업적을 남긴 사람들을 시상하며 격려하고, 어려운 사람들을 돕는 '템플턴 재단'이다. 이 재단에서 수여하는 템플턴 상은 종교계의 노벨상이라고 할 수 있다. 테레사Theresa 수녀가 이 상을 받았고, 빌리 그레이엄Billy Graham 목사와 우리나라의 한경직 목사도 이 상을 받았다.

이처럼 주 안에서 행해지는 용서에는 힘이 있다. 그 자체가 새로운 생명이 된다.

한 가지 이야기를 더 살펴보겠다. 노벨상 수상 작가인 가브리엘 가르시아 마르케스Gabriel Garcia Marquez 교수가 쓴 『콜레라 시대의 사랑』에 나오는 이야기이다.

어떤 부인이 자기 집 욕실에 세숫비누를 사다 두는 것을 잊어버렸다. 그 사실을 모르는 남편은 목욕을 하러 들어갔고, 뒤늦게 비누가 없는 것을 알고 화가 났다.

"내가 비누 없이 목욕한 지 일주일이 넘었어!"

그러자 부인이 발끈했다.

"뭐요? 무슨 일주일이나 되었다고 그래요?"

이 부부는 싸움 끝에 7개월 동안 각방을 쓰고, 세 끼 밥을 먹을 때 한 마디 말도 하지 않았다. 어떻게 비누 한 장 때문에 7개월 동안 이럴 수가 있을까?

누구도 먼저 "미안해요. 용서하세요"라는 말을 하지 않았기 때문이다. 가까운 사람일수록 용서를 먼저 구하는 것이 쉽지 않다. 그러나 분명한 것은, 용서를 먼저 구하면 그 용서를 통하여 내 자신이 회복된다는 사실이다.

하나님을 섬기는 모든 사람이 이런 용서의 위력을 체험하고 먼저 용서하는 사람이 되길 바란다. 무엇보다 우리에게는 용서할 수밖에 없는 강력한 힘이 있다. 우리는 우리의 모든 죄를 예수님의 보혈로 단번에 사함 받은 존재가 아닌가. 우리는 무엇이든 용서해야만 하는 존재이다. 그리고 먼저 용서의 손을 내밀어야 하는 존재이다. 일곱 번을 일흔 번까지라도, 즉 어떤 상황에서도 용서해야 한다.

"그 때에 베드로가 나아와 이르되 주여 형제가 내게 죄를 범하면 몇 번이나 용서하여 주리이까 일곱 번까지 하오리이까 예수께서 이르시되 네게 이르노니 일곱 번뿐 아니라 일곱 번을 일흔 번까지라도 할지니라" 마태복음 18:21-22

우리 삶을 돌아보자. 죄를 안 짓고 사는 사람은 없다. 그런데도 우리는 하나님께 나아와 예배할 수 있다. 죄를 지어도 그때마다 하나님께서 용서해 주신다. 우리가 회개하면 하나님은 우리의 모든 죄를 잊으신다. 죄를 지어도 여전히 우리를 사랑하시고 포기하지 않으시는 하나님을 늘 기억하자.

물론 잘못한 사람을 용서하는 것은 쉬운 일이 아니다. 아무리 노력해도 잘 되지 않는 것이 바로 용서다. 나 역시도 누군가를 용서하는 일은 힘이 든다. 아무리 의지적으로 누군가를 용서한다고 해도 다시 그 사람의 얼굴을 보면 예전 일이 떠오르면서 마음이 상한다.

따라서 용서를 위해서는 의지적인 용서와 함께 정서적인 용서가 뒤따라야 한다. 내가 용서해야겠다고 마음먹는 것이 의지적인 용서라면, 다시 미운 마음이 생길 때마다 마음 깊은 곳에서부터 용서하는 것이 정서적인 용서이다.

정서적인 용서를 하기까지에는 오랜 시간이 걸린다. 사람의 힘으로는 어려운 일이기 때문에 하나님을 의지해야 한다. 놀라운 것은 그렇게 누군가를 끝까지 용서하고 나면 하나님께서는 예상치 못할 축복을 주신다는 것이다. 억울하고 고통스러운 일이 있었다 할지라도 이는 언젠가 기쁨과 환희로 바뀌게 된다.

용서의 힘을 믿자. 그리고 우리는 용서의 사람일 수밖에 없음을 인정하자. 아직도 용서하지 못한 사람이 있다면, 하나님께 간

구하고 당장 용서하기로 결단하자. 그리고 무엇보다 그 사람을 축복하자. 할 수 없을 것만 같은 용서를 했을 때, 우리에게는 예상치 못한 평안과 축복이 임한다.

16 우울증과 친구, 그리고 견고한 인간관계를 위하여

• • •

우울증은 매우 무서운 병이다. 우울증 환자의 15퍼센트가 자살을 시도한다고 한다. 이 정도의 치사율이라면 매우 심각한 병이라고 할 수 있다. 실제로 유명 연예인들이 우울증 때문에 자살하는 사례를 매체에서 많이 목격했다. 무엇보다 심각한 것은, 이 병이 누구나에게 찾아올 수 있다는 것이다.

그렇다면 우울증을 예방할 수 있는 방법은 무엇인가? 그것은 인간관계를 잘 맺는 것이다. "나를 이해해 주는 사람이 한 사람만 있으면 그 사람은 절대 자살하지 않는다"라는 말이 있다. 그런데 이 말을 곰곰이 생각해 보면, 나를 이해해 주는 친구가 한 사람도 없다는 것 역시 결국은 자기 책임인 것을 알 수 있다. 친구는 저절로 생기는 것이 아니다. 먼저 내가 누군가의 좋은 친구가 되어야 하고, 좋은 친구를 만들기 위해서 부단히 노력해야 한다. 즉 내가 누군가의 좋은 친구가 될 때 내게도 좋은 친구가 생기는 것이다.

평생의 삶을 나누겠다는 아내와 남편도 서로 섬기지 않고 정성을 쏟지 않으면 남이 된다. 우리는 누구에게나 우울증이 생길 수 있다는 사실을 기억하고 평소에 친구들과 좋은 관계를 유지하기 위해 노력해야 한다. 놀고 즐기기 위한 친구를 만들라는 것이 아니다. 마음을 나눌 수 있는 친구, 내가 어려울 때 언제든지 손 내밀어 줄 수 있는 친구를 딱 한 명이라도 곁에 두어야 한다는 뜻이다.

그렇다면 좋은 친구를 만들기 위해 어떤 노력을 해야 할까? 인간관계를 지속적으로 유지하기 위해 특별히 노력해야 할 일이 있다면 무엇일까? 많은 것이 있겠지만 누구나 공통적으로 주의해야 할 것이 있다. 바로 '말'이다. 친구 관계는 대화를 바탕으로 이루어진다. 많은 사람이 친구 관계 안에서도 상처를 받고 결국 벌어진 금을 회복하지 못한다. 이런 문제의 대부분은 말 때문에 생긴다는 것을 기억하자.

말로 상처를 주는 사람에게는 특징이 있다. 정작 본인은 자신이 어떤 말을 했는지, 그 말이 어떤 영향을 끼쳤는지 모른다는 것이다. 상대방은 그 말 한마디 때문에 오랫동안 고통 받고 괴로워하는데 그 말을 한 사람은 아무렇지도 않다. 그런 사람들을 살펴

우리 교회는 성도들 간의 관계 회복과 나누는 삶의 실천을 위해 다양한 프로그램을 진행함으로써 예수님의 사랑으로 하나되는 공동체를 만드는 데에 앞장서고 있다.

보면 가정환경이나 성장 과정에서 거칠고 과격한 말을 많이 들은 경우가 많다. 그런 사람들은 무의식 중에 자신이 자주 들었던 말을 하게 된다. 그래서 남에게 상처 주는 말을 하고도 무슨 일을 저질렀는지 모르는 것이다.

우리는 누군가에게 말로 상처를 받았을 경우, 상처를 준 사람만 탓하며 괴로워할 것이 아니라, 그 사람을 이해하려고 노력해야 한다. 말로 상처를 주고 거친 말을 서슴없이 하는 사람들 중 많은 사람이 정말로 심성이 악해서 그런 것이 아님을 알아야 한다. 상처를 준 사람을 위해서가 아니라, 내가 그 상처에서 벗어나기 위해서 그 사람을 이해해야 한다.

반면, 말로 상처를 잘 받는 사람들을 보면 온실 속의 화초처럼 자란 사람이 많다. 그러한 사람들은 상대방의 말 한 마디 때문에 잠도 잘 못 자고, 까만 밤을 하얗게 지새운다. 여기서 우리가 명심해야 할 것은, 말로 상처를 주는 사람을 탓하기 전에 먼저 내가 면역력을 길러야 한다는 것이다. 내가 상대방을 제어할 수 없으니, 내 마음부터 잘 대처할 수 있도록 단련시켜야 하는 것이다.

이를 위해 중요한 팁을 몇 가지 전하자면 다음과 같다.

첫째, 대화를 할 때 상대방의 표현보다 그 안에 담긴 내용에 집중한다. 어떤 상황에서든 말의 내용을 읽을 줄 알아야 한다. 만약 상대방이 내 약점을 건드리고 나를 무시하는 말을 할지라도, '정말 그런 의도가 있었을까?' 하고 생각해 보아야 한다. 진지하게 고민해 보면 많은 경우가 상대방에게는 그럴 의도가 없었고, 단지 생각 없이 던진 말임을 알 수 있을 것이다. 그렇다면 나도 그냥 생각 없이 지우면 되는 것이다. 물론 이렇게까지 되기 위해서는 인격이 상당히 수양되어 있어야 한다. 그러나 이것이 나 자신을 건강하게 지킬 수 있는 방법이다.

둘째, 상대방의 배경을 이해한다. 상대방의 성장 환경 등을 생각해 보고 지금 그가 처한 상황에 좀 더 관심을 두면, 그 사람의 말을 더 잘 이해할 수 있다. '나를 미워해서가 아니라, 오랜 습관 때문에 저렇게 말을 할 수밖에 없구나' 하며 이해할 수 있는 일이 많다. 또한 '지금 이런 저런 힘든 상황에 처해 있어서 저렇게 말하는구나' 하며 오히려 상대방을 불쌍히 여길 수도 있다.

셋째, 용서하기 힘든 상황에서도 그 사람을 축복한다. 『하나님의 대사』를 쓴 김하중 장로는 자기를 비방하는 사람이 있으면 사무실 화장실과 책상 앞 등 눈에 띄는 곳마다 그 사람의 이름을 써서 붙여 놓았다고 한다. 그 사람의 이름을 보면서 이를 가는 것이 아니라 축복하기 위해서이다. 아예 그 사람을 축복해 버리면 부정적인 생각들이 들어오지 않았다고 한다.

이런 대처법은 그리스도인이라면 누구나 사용해야 한다. 신앙생활을 하다 보면 교회 안에서도 별 희한한 말을 많이 듣는다. 사회생활을 할 때도 마찬가지이다. 그때마다 축복으로 일관하면 어떤 말도 상처로 남지 않을 수 있다. 성경에서도 핍박하는 자에게 오히려 축복하라고 하지 않았는가?롬 12:14 단순하게 믿으면 단순하게 응답되고, 복잡하게 믿으면 복잡하게 응답된다. 성경에서 축복하라고 했으니 그저 축복만 하면 된다.

이런 모습들은 곧 자존감을 나타낸다. 상대방의 말을 해석할 수 있는 능력이 곧 인격이고 인품이다. 쉽지는 않지만 누구나 도전할 수 있는 일이다. 인간관계를 맺는 방법에는 많은 요소가 있지만, 특히 말에 대응하는 방법을 기억하면서 인간관계를 형성해 나가자. 그리고 그 가운데서 좋은 친구를 만들어 나가자. 나의 노력에 따라 얼마든지 좋은 친구를 만들 수 있다. 그리고 좋은 친구 하나면, 그 어떤 우울증도 극복할 힘이 생긴다.

17 그리스도인의 언어

링컨Abraham Lincoln 대통령의 아버지는 제화공이었다. 귀족들은 미천한 신분의 링컨이 대통령이 되었다는 사실이 몹시 못마땅했다. 링컨이 취임 연설을 하려고 의회에 도착했을 때 한 늙은 의원이 비아냥거렸다.

"링컨, 당신 아버지는 한때 내 구두를 만들던 사람이었소. 이곳에 있는 의원들 중 상당수가 당신 아버지가 만든 구두를 신고 있소. 그런 형편없는 신분으로 대통령에 당선된 사람은 아마 당신밖에 없을 거요."

이 말에 여기저기서 킥킥거리며 링컨을 비웃는 웃음소리가 들려왔다. 그러나 링컨은 불쾌하게 생각하지 않았다. 오히려 잔잔한 미소를 지으며 대답했다.

"취임 연설 전에 아버지를 상기시켜 주셔서 감사합니다. 제 아버지는 구두의 예술가였어요. 혹시 아버지가 만든 구두에 문제가 생기면 말씀해 주십시오. 제가 잘 수선해 드리지요."

온유한 말로 받아 넘기는 링컨 앞에서 그 누구도 더는 말을 할 수 없었다. 과연 우리는 어떠한가? 링컨처럼 마음에 상처가 되는 말을 듣고서도 온유하게 잘 넘길 수 있는가? 혹시 이 이야기에 나온 귀족들처럼 우리도 누군가에게 상처를 주는 말을 내뱉고 있지는 않은가?

말에 대한 이야기를 한 가지 더 소개해 보겠다. 『삶을 변화시키는 소울카페』라는 책에 나온 내용이다.

수다쟁이 여인이 있었다. 그 여인은 자신의 수다 때문에 가정과 마을에 분란이 일어나기 일쑤라며 랍비에게 도움을 청했다. 그러자 랍비는 촛불을 하나 켜고 수다쟁이 여인에게 물었다.

"당신은 초의 불꽃을 어떻게 사용합니까?"

"그야 그대로 내버려 두지요."

랍비가 고개를 끄덕이며 말했다.

"혀도 마찬가지입니다. 당신이 혀를 올바르게 사용하는 방법은 그것을 사용하지 않는 것이랍니다."

성경은 "말에 실수가 없는 자라면 곧 온전한 사람이라"약 3:2고 했다. 남을 헐뜯고, 비방하고, 정확하지 않은 사실을 거침없이 유포하면, 반드시 상처를 입는 사람이 생긴다. 그러나 상대방의 말을 존중하고, 경청하고, 칭찬하면 분란은 사라진다. 말 속에는 실패를 부르는 말, 병든 말, 죽이는 말이 있다. 이와 반대로 건강한 말, 믿음의 말, 생명과 용기를 주는 말도 있다. 말로써 의사소통하는 능력은 하나님께서 인류에게 주신 가장 큰 선물 중 하나이다.

이처럼 인간관계에서 말이 차지하는 비중은 상당히 크다. 그리고 상대방의 말에 상처 받지 않기 위한 우리의 대응 방법을 다루면서, 상대방의 말을 제어할 수 없으니 내가 지혜롭게 대처할 수 있어야 한다고 했다. 상대방의 말은 제어할 수 없어도, 내 말은 내가 제어할 수 있다. 같은 말을 하더라도 상대방이 기분 좋게 받아들일 수 있도록 조심하고 또 조심해야 한다. 행여 조언을 할 때도 상처 받지 않도록 멋지게 말할 수 있다. 그런 노력 하나하나가 우리에게 필요하다. 무엇보다 그리스도인에게 필요하다.

한때 '지하철 막말남' 이나 '지하철 막말녀' 이야기가 인터넷에 자주 오르내렸다. 폭언이 원인이 되어 폭행으로까지 이어지는 사건을 접하면 마음이 무겁다. 이처럼 말은 분노를 일으키는 요인이 된다. 그리고 내가 바로 그 당사자가 될 수도 있다. 내 말 한 마디에 예상치 못한 분노가 피어오를 수 있는 것이다. 우리는 말을 통해 평화의 분위기를 만들어 가는 사람이 되어야 한다. 분노 대신 화목이 피어나는 공동체는 나의 말 한 마디에 달려 있다. 이토록 강한 말의 권세를 기억하고, 그리스도인으로서 혀를 제어하는 훈련을 하자.

18

최고의 선물

•••

자녀는 하나님께서 우리에게 주신 선물이다. 그렇기 때문에 부모는 자녀를 볼 때마다 하나님을 생각해야 한다. 자녀를 선물로 주신 하나님께 감사하고 그 자녀 때문에 또 감사해야 한다. 나그네로 사는 삭막한 이 세상에서 자식이 주는 행복과 기쁨은 하나님이 허락해 주신 복이다. 시편은 "존귀하나 깨닫지 못하는 사람은 멸망하는 짐승 같도다"시 49:20라고 했다. 사랑스런 아들딸을 선물로 받아 놓고서도 그 소중함을 깨닫지 못하는 사람은 멸망하는 짐승이나 다를 바가 없다.

과연 우리는 자녀를 그 자체로 소중히 여기고 있는가? 자녀의 성적과 능력에 상관없이 그저 바라만 봐도 사랑스러운가? 안타깝게도 요즘 부모는 자녀의 성적에 거의 모든 기대를 건다. 그리고 거기에 부응하는 요구를 많이 한다. 그래서 그만큼 스트레스도 많다. 자녀가 성적표를 받아 오는 날이면 신경이 날카롭게 서 있다.

한 아이가 '양'이 하나이고 나머지는 전부 '가'인 성적표를 들고 집에 왔다. 대부분의 부모라면 이런 성적표를 가져온 아이에게 화가 치밀어 오를 것이다. 누굴 닮아서 이 정도밖에 못하느냐고 부부 싸움이 벌어질지도 모른다.

그러나 자녀를 하나님이 내게 위탁한 기업이라고 믿는 사람은 다르게 접근할 것이다. 황당할 법한 그 순간에도 이렇게 말할 것이다.

"다음부터는 한 과목만 공부하지 말고 다른 과목에도 관심 좀 가져라."

우리는 공부를 못해도 좋은 아들이고 귀한 딸이라는 것을 인식해야 한다. 자녀를 보면서 하나님을 생각해야 한다. 자녀 뒤에는 하나님께서 계신다. 자녀는 하나님께서 주신 귀한 선물이다.

구약에서 믿음의 조상 아브라함은 임금이 부러워할 정도로 많은 재산과 아름다운 아내를 소유했다. 하지만 아브라함에게는 만족이 없었다. 그러나 아브라함의 나이 100세에 하나님께서 아들을 주시니, 그가 아들로 인하여 좋아서 어찌할 줄 몰랐다. 이처럼 자녀는 하나님의 귀한 선물이다.

그렇다면 이렇게 귀한 선물인 자녀에게 부모가 줄 수 있는 최

자녀는 하나님께서 우리에게 주신 선물이다. 그런 자녀에게 부모가 줄 수 있는 최고의 선물은 신앙의 전수이다. 나 역시 자녀에게 올바른 신앙을 물려주는 부모가 되고자 한다. 사진은 아들과 함께 즐거운 한때를 보내며 담은 추억.

상의 것은 무엇일까? 바로 신앙 전수이다. 공부를 잘하도록 교육하는 것보다 우선 할 일이 신앙을 전수하는 것이다. 이 점에서 특별히 그리스도인 가정에 당부하고 싶은 것이 있다. 바로 '세상의 교육과 타협하지 말자' 는 것이다. 다른 것은 몰라도 신앙 교육에 있어서는 타협을 하면 안 된다.

현재 교수로 재직 중인 친구가 있다. 그 친구는 고등학교 때까지만 해도 소위 말하는 노는 친구였다. 당연히 공부와도 친하지 않았다. 그 친구의 어머니는 교회를 다니셨는데 그 친구가 공부를 못 하는 것은 별로 나무라지 않으셨다. 그러나 교회에 나가는 문제 만큼은 엄격하셨다. 다른 것은 다 용납해도 교회에 빠지는 것은 절대 봐주지 않으셨다. 친구는 교회에 빠지면 초주검이 되도록 야단을 맞았다. 한번은 놀다가 교회를 안 나간 적이 있는데, 어머니께서 프라이팬으로 머리통이 깨질만큼 때리셨다고 한다.

그런 친구가 결국 변화되어 미국으로 유학을 가게 되었고 지금은 교수가 되었다. 그뿐만 아니라 학교에서 중요한 보직까지 맡고 있다. 비록 어머니의 신앙 지도가 거칠기는 했지만, 엇나갔던 친구를 변화시키려면 그 정도는 당연한 일이었을지도 모른다. 어찌되었든 세상과 타협하지 않는 신앙 지도 덕분에 그 친구는 신앙을 잘 지켜 하나님의 영광을 위해 살고 있다.

고등학교 3학년이 된 자녀에게 수능 때까지는 교회에 나가지 말라고 당부하는 부모가 있다. 부모에게 신앙이 없는 것도 아닌

데, 자녀의 삶을 신앙보다 공부에 우선순위를 두는 것이다. 그러나 그것은 분명 잘못된 것이다. 고3 때 오히려 더 열심히 신앙생활을 해야 한다.

특히 요즘엔 맞벌이 부부가 많이 생기면서 자녀의 공부를 곁에서 돌봐 주기 어려워졌다. 그러다 보니 학원이나 과외에 의존하기도 한다. 그런데 사실상 공부는 그냥 내버려 두어도 된다. 학원에 보낸다고 무조건 안심할 수 있는 것도 아니다. 자기가 하기 나름이니 말이다. 공부를 잘하는지, 어떻게 하는지 간섭하는 대신, 공부는 자녀에게 맡기고 신앙 교육에 집중해 보자. 맞벌이라도 신앙 교육은 얼마든지 바로 할 수 있다.

혹자들은 비현실적이라고 생각할지 모르지만, 교육자인 나 역시 교육 현실에 민감하고 지금 상황이 어떤지도 잘 안다. 그럼에도 분명히 말할 수 있는 것은 신앙이 우선이라는 것이다. 하나님을 인격적으로 만나면 그 다음은 신경 쓸 것이 없다.

당장은 공부를 못하고 희망이 없어 보여도, 공부에 승부수를 거는 대신 하나님을 인격적으로 만나는 데 집중해 보자. 그리고 그런 만남을 위해 꾸준히 예배에 참석하고 말씀과 가까이 할 수 있게 해주자. 당장은 억지로 시키는 일이 될 수도 있지만 그렇게 강제로라도 하나님과 가까이 하다 보면 인격적인 만남을 경험할 것이다. 그리고 하나님을 만나면 알아서 변화될 것이다. 하나님의 영광을 위해 시키지 않아도 열심히 공부할 것이다. 무엇보다 하나님이 주신 사명을 알기에 자신이 무엇을 해야 할지 분명한 비전을 갖게 되면 누구보다 뚜렷한 방법으로 열심히 공부하게 될 것이다.

이를 위해 신앙 교육을 강하게 시키자. 혼내는 것을 미안해할 필요도 없다. 간혹 맞벌이 하는 엄마들은 자녀에게 조금만 언성을 높이는 일도 미안해하는 경우가 있는데, 그럴 필요도 없다. 물론 오랜 시간 함께 있어 주지 못하는 것이 안쓰러울 수는 있지만, 맞벌이 역시 가정을 위해 하는 일이 아닌가. 형편이 안 되면 당연히 어머니도 사회에 나가 생계를 꾸릴 수 있다. 노느라 자녀를 멀리하는 것이 아니니 결코 미안해할 필요도, 혼내는 것을 주저할 필요도 없다. 신앙적으로 가르칠 것이 있으면 당당히 요구하고 혼내야 한다. 그것이 부모가 자녀에게 선사할 수 있는 가장 큰 선물이다.

19

하나님 앞에서 정직할 것을 가르치라

• • •

오늘날 많은 부모가 자녀의 신앙 교육을 교회학교에서 책임져 주길 바란다. 기독교 교육학자인 마리아 해리스Maria Harris는 '교회학교 교육은 신앙 교육의 여러 부분 중 아주 작은 부분'이라고 주장한다.

신앙 교육은 교회학교에서만 이루어지는 것이 아니다. 그 아이가 속해 있는 공동체, 즉 가정과 교회가 함께하는 것이다. 결국 가정과 교회의 분위기가 아이들의 신앙 교육을 결정한다. 그런데 자녀가 가정에서 보내는 시간이 월등히 많기 때문에 결국 자녀는 부모의 신앙 자세를 본받을 수밖에 없다. 그것이 아이들이 같은 교회를 다니지만 저마다 다른 신앙의 자세를 취하는 이유이다.

다시 말해 기도하는 분위기의 가정에서 자란 아이들은 기도를 잘하고, 말씀을 사모하는 가정에서 자란 아이들은 말씀을 소중히 여긴다. 하지만 부정적인 가정에서 자라난 아이들에게는 좋은 신앙을 기대하기 어렵다.

좋은 신앙은 훌륭한 삶과 직결된다. 훌륭한 성도로 성장하면 인격 역시 훌륭하게 다져진다. 간혹 교회에는 열심히 다니고 봉사도 열심히 하면서도 정작 인간관계에는 덕을 끼치지 못하는 성도가 있다. 그것은 그들의 신앙이 올바로 형성되지 못했기 때문이다. 정말로 올바르게 성숙된 신앙을 가졌다면 그 사람의 삶도 변한다. 부모는 그것을 분명히 인식하고 자녀에게 가르쳐야 한다. 그리고 무엇보다 본이 되어야 한다.

그리스도인으로서 올바르게 자녀를 양육하기 위해 가르쳐야 할 것이 많지만, 그중에서도 특별히 강조해야 할 것은 '정직'이다. 이것은 세상에서도 중요하게 다루는 내용이다. 그렇다고 해서 세상의 윤리적 덕목에 그치는 것은 결코 아니다. 정직한 삶은 곧 하나님 앞에서 올바른 삶을 말한다. 즉, Coram Deo코람 데오의 삶인 것이다.

내가 협동 목사였던 시절의 이야기이다. 나는 천안에 살았고 내가 나가던 교회는 평택에 있었다. 당시 1부 예배는 아침 여덟 시, 2부 예배는 열한 시에 시작했다. 나와 아내는 열한 시 예배에 참석했고 우리 아이는 학생부 예배 시간에 맞춰서 여덟 시에 갔다. 우리 아이는 아침에 혼자 버스를 타고 평택에 있는 교회까지 가곤 했다.

그런데 하루는 아이가 엄마에게 무용담을 꺼내 놓았다. 내용인즉슨 버스 요금을 반만 내고 평택까지 가는 방법을 안다는 것이었다. 천안에서 평택까지 가려면 중간에 성환이라는 곳에 들러야 하는데, 버스표를 성환까지 가는 것으로 끊어도 평택에서 내릴 때 문제가 없다는 것이다. 평택에서 내릴 때 따로 표를 검사하지 않기 때문이다. 그것을 안 아이가 잔머리를 굴려서 표는 성환까지만 끊고 차는 평택까지 타고 간 것을 자랑 삼아 이야기했다.

그런데 그 이야기를 들은 내 아내는 아이에게 화를 내거나 야단을 치지 않았다. 그저 눈물만 흘렸다. 정직하지 못한 아들의 모습, 그것이 잘못인 줄도 모르고 자랑 삼아 말하는 아들 때문에 너무나 속이 상했던 것이다. 그래서 계속 눈물만 흘렸는데, 그제야 아이가 분위기를 파악하고는 잘못했다고, 다시는 그러지 않겠다고 진심으로 반성했다.

아내는 그 일을 계기로 정직에 대해 다시금 제대로 가르쳤고, 그 이후로 아이도 정직하게 살기 위해 누구보다 노력했다. 오히려 사람들이 미련하다고 말할 정도로 정직한 삶을 살고 있다.

한 예로, 우리 아이가 보스턴에서 유학 생활을 할 때의 일이다. 아들은 한인 교회에 나갔는데, 교회에 출석한 지 2, 3주 된 사람이 있었다. 그 사람과 한국 가게에 몇 번 함께 갔었는데 시간이 지난 후 그 사람이 교회에 나오지 않게 되었다. 그런데 몇 개월 후 다시 한국 가게에 갔다가 가게 주인에게서 이런 이야기를 듣게 되었다.

"전에 저희 가게에 함께 오셨던 사람이 650달러 정도 외상을 했는데 갚지도 않고 사라졌습니다. 혹시 그 사람의 연락처를 아시나요?"

유학생에게 650달러는 결코 적은 금액이 아니다. 그 사람이 교회 다니는 동안 잘 정착할 수 있도록 기도도 많이 하면서 나름대로 노력했는데, 이런 식으로 외상을 하고 도망갔다는 말을 듣자 아들도 기가 막혔다.

그런데 놀라운 것은 아들이 3개월 동안 아르바이트를 해서 그 사람이 빚진 650달러를 대신 갚아 주었다는 것이다. 사실 자신이 외상을 진 것이 아니기에 연락처를 모른다고 하고 그냥 지나갈 수도 있는 일이었다. 그러나 아들은 거룩한 부담감을 느꼈다. 또한 가게 주인에게 기독교인에 대한 잘못된 편견을 심어 주고 싶지 않았다. 비록 우리 아이 자신도 완벽하게 살 수는 없지만, 그리스도인은 정직한 사람이라는 것을 보여 주고 싶었던 것이다.

어렸을 때는 버스비를 적게 내려고 속이기도 했지만 그때 엄마가 올바로 가르친 정직이 그 아이의 미래를 완전히 바꾸어 놓았다. 하나님 앞에서 정직을 제대로 가르치면, 어떤 상황에서도

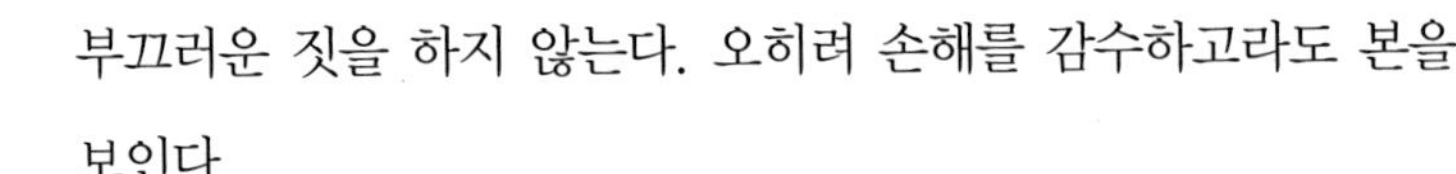

부끄러운 짓을 하지 않는다. 오히려 손해를 감수하고라도 본을 보인다.

부디 모든 가정이 자녀에게 정직의 힘을 가르쳐 주었으면 한다. 하나님 앞에서 정직한 사람은 그 삶 자체를 올바른 길로 이끌어 나갈 것이다. 그리고 정직을 중시하는 올바른 교육은 모범적인 그리스도인과 건강한 시민을 세워 나갈 것이다.

20 자녀에 대한 교회의 책임

• • •

요즈음 초등학교에 다니는 아이들에게 나중에 어른이 되면 무엇이 되고 싶은지 물으면, 많은 아이가 연예인이 되고 싶다고 대답한다. 아이들에게 연예인은 완전히 우상이다. 특히 나이가 어린 연예인을 아이돌idol 스타라고 부르기도 한다. 아이들은 인기가 있으면 돈도 따라오고 명예와 권력도 생긴다고 생각하는 것 같다.

이런 아이들은 하나님을 나타내는 것보다 자기를 과시하는 것을 더 중요하게 여긴다. 또 보이지 않는 하나님의 평가보다 보이는 사람들의 평가에 더 집착한다. 이런 피상적인 가치관에 매달려 사는 사람들은 인기의 거품이 빠지면 절망한다.

비단 초등학생들에게만 문제가 있는 것이 아니다. 청소년들의 문제도 심각하다. 과거에서부터 이어져 온 청소년 폭력과 비행, 왕따 등의 문제는 줄어들기는커녕 날로 더 거세진다. 그뿐만 아니라 이전에 없던 신종 문제들까지 생기고 있다.

가장 대표적인 것은 버릇이 없다는 것이다. 아이들이 마음껏 공부할 수 있는 환경은 더 풍족해졌으나 태도는 날로 삐뚤어진다. 특히 선생님들의 권위가 무너졌다. 학생이 선생님에게 대드는 것은 다반사이고, 제대로 된 훈육을 하려고 하면 경찰에 고발하는 일도 생긴다. 급기야 선생님을 폭행하기까지 한다. 경쟁 분위기는 날로 과열되고 그 속에서 이기심만 늘어난다.

이러한 시대에 교회는 청소년 문제까지 책임져야 할 사명을 가지고 있다. 아이들에게 올바른 가치관을 세워 주기 위해 우리가 할 수 있는 일은 무엇일까? 과연 교회가 어떻게 나아가야 할까?

우리 교회는 청소년부가 약한 편이다. 이것이 가장 안타까운 현실 중 하나이다. 공부한다는 핑계로 예배를 빠지는 학생들도 많다. 다행히 그런 아이들 가운데서도 예배를 사모하고 말씀대로 살려고 노력하는 아이들이 있다. 입시 경쟁 가운데서도 하나님을 우선시하고 예배 안에서 힘을 얻는 그 아이들을 보면 기쁘다. 그러면서 동시에 그런 아이들이 날로 더 늘어가기를 바란다.

우리 교회 청소년부의 특징이 하나 있다면 특별한 프로그램을 따로 만들지 않는다는 것이다. 그리고 청소년부 예배가 따로 없다. 청소년부 아이들은 주일 낮에 어른들과 함께 예배를 드린다. 설교도 청소년 담당 교역자의 설교를 듣는 것이 아니라, 내 설교를 듣는다. 대신 예배가 끝나고 나면 뜻이 있는 아이들끼리 함께 토론을 한다.

이런 방식으로 예배를 이끄는 이유는 청소년들을 예배에 자연스럽게 정착시키기 위해서이다. 일반적으로 초등학생들이 교회학교를 졸업하고 중등부로 올라갈 때면 그 수가 현저히 줄어든다. 그 아이들 중 90퍼센트 정도는 교회에 나오지 않는다. 청소년부를 졸업한 뒤 청년부로 갈 때 역시 인원 수가 엄청나게 줄어든다. 이것이 교회의 현실이다.

그래서 청소년들도 처음부터 어른들과 같이 예배를 드리게 했다. 어른들과 같이 예배를 드리면 자연스럽게 고등학교를 졸업해도 어른 예배에 나오게 된다. 처음에 금란교회에서 이렇게 시행하는 것을 보고 우리 교회에도 도입하게 되었다.

앞서 가정에서의 신앙 교육을 강조했다. 교회도 늘 성장기에 있는 자녀가 영적으로도 잘 성장할 수 있도록 도와야 한다. 지금 우리 교회가 시행하는 이 방법이 가장 좋은 방법이라고는 단언할 수 없다. 하지만 우리 교회는 끊임없이 연구하고 노력할 것이다. 어떻게 하면 자녀가 하나님의 사람으로 성장할 수 있을지, 하나님과 온전히 만날 수 있을지를 마음에 품고 기도할 것이다. 비록 다른 교회처럼 많은 프로그램을 실시하지는 않더라도 아이들

이 시대의 아이들에게 교회가 할 수 있는 일은 무엇일까. 우리 교회는 아이들의 마음에 말씀이 깊이 뿌리내리도록 가르치고 그 말씀대로 살도록 양육하고 있다.

의 마음에 말씀이 깊이 뿌리내리도록 가르치고, 그 말씀대로 살도록 양육할 것이다.

시간이 지나면 지금 교회학교에 다니는 아이들도, 청소년부 아이들도 장년이 될 것이다. 장년이 된 아이들이 어떻게 살게 될지, 무슨 일을 하게 될지는 아무도 모른다. 그러나 확실한 것이 한 가지 있다. 바로 그 아이들의 삶에 교회의 책임이 분명히 있다는 것이다.

21 아름다운 부부의 섬김

여자와 남자는 사는 시대가 다르다고들 말한다. 괴테Johann Wolfgang von Goethe는 이런 말을 남겼다.

"여자는 과거에 의지해서 살고 남자는 미래에 이끌려 산다. 여자는 현미경으로 들여다봐야 하고 남자는 망원경으로 바라봐야 한다."

이 말은 남녀의 차이를 단적으로 보여 주는 표현이다. 문제는 과거에 살고 있는 아내와 미래에 살고 있는 남편이 함께 현재를 살고 있다는 것이다. 이런 이유로 부부 사이에 대화가 잘 통하지 않고 갈등이 생긴다. 다른 시간대에 살고 있다는 것을 인식하지 못하기 때문에 감정이 엇갈리는 것이다.

과거 이야기만 하는 아내를 남편은 못 견딘다. 이미 지나가 버린 것에 연연하는 것이 마땅치 않다. 그러나 아내는 과거사를 제대로 짚고 확실히 하지 않은 채 미래를 지향하는 남편과 공감대를 형성하기 힘들다.

그래서 서로를 배려하는 자세가 필요한 것이다. 부부가 상대방의 입장에서 생각하고 행동할 때 그 가정에 행복이 깃든다.

나와 매우 가까운 목사님 부부에게 있었던 일이다. 그 부부의 결혼기념일이 공교롭게도 주일이었다고 한다. 그날 오후 늦게야 모든 사역을 마친 목사님은 그간 목회를 내조하느라 고생한 아내에게 미안하고 고마워서 근사한 저녁식사를 사주기로 했다. 식당으로 가는 차 안에서 아내가 오늘 있었던 목사님의 설교를 지적했다. 그렇지 않아도 낮 설교가 만족스럽지 못했는데 아내까지 언급을 하니 목사님도 화가 나서 자동차 핸들을 그냥 집으로 돌렸다. 집으로 오는 동안 두 사람은 한 마디도 하지 않았다. 목사님은 공연히 미안해지기 시작했다.

'어떻게 말을 해서 좀 풀어야겠는데…….'

사택에 당도하니 집에서 키우던 강아지가 너무나도 반갑게 꼬리를 흔들며 두 사람을 맞아 주었다. 멋쩍어진 목사님이 아내를 향해 이렇게 말했다.

"여보, 당신 가족이 반갑다고 꼬리치며 인사하는데 아는 척 좀 해봐."

그랬더니 사모님이 목사님을 정색하며 쳐다보고는 강아지를 향해 예상치 못한 말을 했다.

"시아버님, 안녕하셨습니까?"

결국 그 자리에서 두 사람 다 웃고 풀어졌다.

이런 일은 우리 주변에서 얼마든지 있을 수 있다. 다툼은 얼마든지 생길 수 있지만 서로 조금씩 배려하며 마음 문을 열면 어떤 다툼도 아무렇지 않은 일이 되어 버린다.

부부 사이에는 섬김이 필요하다. 서로 다름을 인정하고, 어떤 상황에서도 먼저 마음을 열고 배려해야 한다.

인간관계에서는 말이 중요한데 부부관계에서는 특히 더욱 그러하다. 결국 마음도 말로 표현되는 것이 아닌가. 안타깝게도 사랑해서 결혼한 부부도 시간이 지나면 예의가 사라진 대화를 한다. 상대방을 무시하는 투로 반말을 하기도 한다.

나는 부부 사이에도 경어를 써야 한다고 주장해 왔다. 물론 반말을 하면 서로 더 친근해 보일 수도 있지만 그 가운데서 본의 아니게 상대방을 낮출 수도 있다. 가령 어떤 부탁을 하더라도 반말로 하면 명령하고 시키는 것처럼 느껴질 수 있다.

"물 떠와."

"저것 좀 해놔."

그러나 경어를 쓰면 서로 조심하게 되어 있다. 위의 말을 "물 좀 떠다 주세요", "저것 좀 해주세요"로 고쳐서 말한다면 함부로 아무 말이나 툭툭 내뱉지 않고 조금이라도 더 배려하며 말을 건넬 수 있게 된다.

예전에 이 방법으로 상담을 해주고 부부싸움을 멈추게 한 적이 있다. 문제가 생긴 부부에게 6개월만에 해결해 줄 테니 내가 하라는 대로 하겠느냐고 물었다. 결국 그러겠다는 각서를 받고 그 부부에게 숙제를 내주었다. 그 숙제는 언어를 바꾸는 훈련을 하는 것이었다. 표를 만들어서 하루에 반말을 몇 번 했는지, 경어는 몇 번 썼는지 체크하는 것이었다. 부부는 처음에는 힘들었다고 한다. 혀가 꼬이는 것 같다고 할 정도였다. 그러나 나한테 야단맞으면서까지 고쳐 갔다. 결국 말도 고쳐지고 부부관계도 좋아졌다.

말에는 권세가 있다. 부부 사이에 그 권세를 잘 활용하기를 바란다. 특히 그리스도인 부부가 말로 가정의 평화를 지키고 세상의 부부에게 본이 되기를 바란다.

Part 3

섬김

22 가장 위대한 교회

• • •

"이건 내 거야. 내가 만들었어!"라고 말하며 자기가 만든 배를 줄로 연결하여 호숫가에 띄운 소년이 있었다. 그 작은 배는 잔물결이 이는 물 위를 떠다녔다. 그런데 갑자기 돌풍이 불어서 소년이 들고 있던 줄을 낚아채 갔다. 소년의 배는 점점 시야에서 사라졌고, 소년은 자기가 만든 소중한 물건을 잃어버려 몹시 슬퍼하며 집으로 돌아갔다.

수개월이 흐른 뒤, 소년이 장난감 가게를 지나는데 무언가가 주의를 끌었다. '이럴 수가!' 더 가까이 가 보았다. 진열장에는 수개월 전 소년이 잃어버린 작은 배가 진열되어 있었다. 너무나 기쁜 소년은 가게로 들어가 주인에게 그 배에 얽힌 사연을 이야기했다. 그러나 가게 주인은 "미안하다. 그렇지만 이 배는 이제

아저씨 거야. 갖고 싶으면 돈을 갖고 오너라" 하고 말할 뿐이었다.

소년은 포기하지 않고 힘들게 돈을 모아 그 배를 샀다. 소년은 그 배를 가슴에 안고 미소를 띤 채 가게 문을 나오며 이렇게 말했다.

"너는 내 거야, 두 번 내 거야. 내가 너를 만들었으니까 내 것이고, 지금은 내가 너를 샀으니까 내 거야."

하나님께서 우리를 향해 동일한 말씀을 하고 계신다. 그분은 우리를 만드셨고 동시에 사셨다. 그렇다면, 이렇게 말씀하시는 하나님을 향해 우리는 어떻게 반응해야 할까? 우리를 만드시고 우리의 주인이 되신 하나님을 올바로 모시는 방법은 무엇일까?

하나님을 주인으로 인정하고 모신다는 것은 곧 성령님을 주인으로 모신다는 것과 같다. 나는 상암동교회 역시 이렇게 되게 하려고 성령님께 목회의 자리를 내어 드리는 것을 목표로 삼았다. 목회는 목회자가 이끄는 것이 아니다. 목회자는 성령님의 도구가 될 뿐, 모든 것은 성령님께서 이끄시는 것이다.

성령님이 주인이 되시는 교회, 성령님이 목회를 주관하시는 교회, 그런 교회의 모습은 과연 어떠할까? 성령님이 이끄시는 교회에는 반드시 변화가 있다. 성령님은 적재적소에 필요한 말씀으로 우리 개개인에게 다가오신다. 교회의 공예배 때면 회중을 향해 동일한 말씀이 전해지지만, 성령님은 각기 다른 모습으로 성도들에게 다가가신다. 그 말씀으로 위안을 주시기도 하고 회

성령님이 이끄시는 교회는 반드시 성령의 열매가 있다. 사랑과 희락, 화평, 오래 참음, 자비, 양선, 충성, 온유, 절제, 이 아홉 가지 열매가 성령님이 역사하시는 증거로 나타난다.

개할 것을 철저히 깨닫게 하기도 하신다. 앞으로 어떻게 살아야 할지를 깨우쳐 주기도 하신다.

무엇보다 성령님이 이끄시는 교회는 반드시 성령의 열매가 있다. 사랑과 희락, 화평, 오래 참음, 자비, 양선, 충성, 온유, 절제, 이 아홉 가지 열매가 성령님이 역사하시는 증거로 나타난다. 같은 사역을 하더라도 인간의 생각이나 힘으로 하면 갈등과 문제가 생기지만 성령님이 이끄시는 사역에는 아홉 가지 열매가 열려 서로에게 큰 힘이 되어 줄 수 있다.

게다가 이러한 성령의 사역은 교회 안에 영향력을 끼치는 것으로 끝나지 않는다. 분명 지역사회로 연장된다. 성도들이 성령의 역사 안에서 변화를 받으면 능력 있는 교회가 되고, 지역사회의 칭찬을 받는 교회로 우뚝 선다. 마치 사도행전의 초대교회가 핍박 속에서도 칭찬 받는 교회가 되었듯이 말이다.

그래서 상암동교회는 성령님을 주인으로 모시면서 "저 교회에만 가면 변화를 받아"라는 말을 듣는 교회가 되길 소망한다. "아무개 알지? 그 사람이 상암동교회에 가서 변화되었어!"라는 말을 듣기를 기대한다. 그리고 성령님의 인도하심에 따라 지역사회를 섬기는 좋은 교회, 더 나아가 위대한 교회가 되는 비전을 바라본다.

물론 거창한 꿈일 수도 있다. 그러나 힘없고 자신감도 없이 세상에 눌려서 살던 사람들도 성령님을 만나면 거룩한 삶을 살고 세상에 담대하게 나아갈 수 있는 사람들로 변화된다. 그리고 그런 역사는 교회 안에서도 성령의 역사로 분명히 가능하다. 그렇기에 위대하고 거창한 꿈이지만 성령 안에서는 가장 현실적인 꿈이기도 하다.

우리 교회는 지역사회를 향한 섬김과 이웃과의 나눔을 통해 '좋은 교회' 라는 이미지를 얻고자 고군분투해 왔다. 우리는 이제 더 강하게 성령님의 역사를 의지할 것이다. 그리고 성령님만이 주인이 되셔서 더 큰 꿈, 즉 위대한 교회의 모델이 되기를 기도하며 기대한다.

23

행복은 가까이에

• • •

어릴 때 읽은 동화책 중에 모리스 마테를링크Maurice Maeterlinck가 쓴 『파랑새』가 있다. 가난한 나무꾼의 두 자녀인 치르치르와 미치르가 크리스마스 전날에 꿈을 꾼 내용이 담긴 책이다. 꿈에서 요술쟁이 할머니가 아이들에게 초록 모자를 씌워 주며 파랑새를 구해 오라고 했다. 남매는 전 세계를 다니면서 파랑새를 찾아 헤매었지만 끝내 찾지 못했다. 그러다가 꿈을 깼는데, 놀랍게도 치르치르와 미치르 두 남매가 집에서 기르는 새가 바로 파랑새였다. 『파랑새』는 아이들뿐만 아니라 어른들을 위한 동화이기도 하다. 행복은 먼 곳에 있는 것이 아니라 가까운 곳에 있다는 중요한 교훈을 주고 있으니 말이다.

행복은 거창한 것이 아니다. 아내의 따뜻한 말 한마디가 남편에게 행복을 준다. 출근하는 남편을 현관에서 가볍게 포옹하며 따뜻하게 입맞춤해 주는 것이 남편에게 행복을 준다. 이렇듯 행복은 거창한 것도, 멀리 있는 것도 아니다.

교회 사역을 할 때도 마찬가지다. 행복은 멀리서 찾을 필요가 없다. 아주 가까운 곳에 있다. 바로 옆에 있는 이웃에게도 행복이 가득하다.

상암동교회는 13년 전만 해도 약 60명 정도가 출석하는 작은 교회였는데 지금은 스무 배 이상의 성장을 이루었다. 나는 그 이유 중 하나를 '이미지 목회'로 꼽는다. 이미지 목회는 가까운 이웃에게 행복을 찾아 주려는 데에서 기인했다. 교회가 지역사회에서 인정받지 못하면 존재의 이유가 없어진다고 생각한 것이다. 또한 사람을 모으는 것보다 먼저 베푸는 것이 교회가 마땅히 해야 할 일이라고 생각했다.

그런 자세로 이미지 목회를 시작했다. 이미지 목회는 교회가 예배만 드리는 처소가 아니라, 소외 계층을 돌보며 좋은 이미지를 만든다는 것을 모토로 한다. 그 가운데서 우리도 행복하고 그들도 행복하다면, 그리고 그 행복이 전시용이 아닌 진정한 행복이라면 얼마나 좋겠는가!

이미지 목회에 대한 교회의 청사진은 2003년 10월에 완공된 교회 건물에 반영되어 있다. 지금은 빌딩 숲을 이루고 있지만 상암동교회 건축 당시의 상암동 지역은 교회 건물 외에는 아무런

행복은 멀리 있지 않다. 먼저 가장 가까운 이웃부터 돌보아야 한다. 그들에게 먼저 손 내밀면 그들이 웃는다. 행복한 교회는 행복한 시민을 만들고, 행복한 사회를 만들어 간다.

건물도 완공되지 않은 허허벌판이었다. 그래서 교회 건물의 1층은 어린이집, 2층은 예배 및 목회 관련 시설, 3층은 지역 어르신들을 위한 실버스쿨, 4층은 치료교육센터, 5층은 카페를 운영할 비전으로 건축하였다. 2층 본당과 사무실을 제외한 대부분의 공간이 소외 계층을 돌보기 위한 장소인 것이다. 그리고 교회 건물이 완공됨과 동시에 곧바로 부설 기관 운영을 시작했고, 목회와 직접적으로 관련된 2층을 제외한 나머지 층은 돌봄을 필요로 하는 지역 주민에게 제공했다.

지금도 우리 교회는 주민과 함께 사랑의 공동체를 창조하기 위해 어린이집을 비롯하여 유치원, 발달 장애 아동을 위한 나사렛치료교육센터, 어르신을 위한 실버스쿨 등 7대 사업을 벌여, 교회의 새로운 이미지를 지역사회에 심어 주고 있다.

사실 이런 사업은 재정적으로 어려움을 주기도 한다. 그러나 지역 주민의 편의와 복지, 건강한 사회 발전과 나눔과 섬김의 선교를 위해서 벌이는 사업들은 교회의 지원과 부모들이 부담하는 저렴한 수업료로 다행히 잘 운영되고 있다. 이로써 지역 주민에게 행복을 선사하고 우리도 덩달아 행복할 수 있다.

그렇게 주민 복지를 위해서 과감한 투자를 아끼지 않은 결과, 지역에서 대표적인 교회로 성장할 수 있게 되었고, 교회와 지역이 공생하는 참 행복도 얻었다. 복지 사역에 재정을 많이 투입하는 것은 물질적인 이득을 얻기는 힘들지만, 우리는 절대 멈출 수 없다. 사실 이런 일들이 당장 전도에 영향을 미치는 것은 아니다. 하지만 교회가 장애인과 어르신, 어린이를 섬길 수 있다는 자체에 만족한다. 그리고 행복하다. 그것은 교회가 마땅히 해야 할 일이니 말이다.

행복은 멀리 있지 않다. 한국과 세계를 향한 교회가 되려면 먼저 가장 가까운 이웃부터 돌보아야 한다. 그들에게 먼저 손 내밀면 그들이 웃는다. 그리고 그들의 미소를 통해 교회가 행복해진다. 행복한 교회는 행복한 시민을 만들고, 계속해서 행복한 사회를 만들어 간다.

24 시끄러운 교회는 섬김이 있는 교회

• • •

전혜성 박사는 『섬기는 부모가 자녀를 큰 사랑으로 키운다』라는 책의 저자이다. 전혜성 박사는 여섯 자녀를 전부 하버드대와 예일대에 보낸 어머니로서 자녀 교육에 특별한 지혜가 있다. 장남 고경주 박사는 현재 미국 오바마 정부에서 보건부 차관보를 지내고 있으며, 삼남 고홍주 박사는 예일대 법대 학장이자 미국 국무부 법률 고문으로 있다. 여섯 자녀를 잘 키운 전혜성 박사는 이 책에서 21세기의 리더가 갖추어야 할 '정통 리더십' 일곱 가지를 소개하고 있다. 그런데 그 일곱 가지 리더십의 핵심이 섬기는 리더십이다.

전혜성 박사 부부는 자녀 교육에 있어서 섬김과 덕이 재능을 뛰어 넘어야 한다는 '덕승재'德勝才 개념을 강조하였다. 여기서의 덕은 남을 먼저 생각하고 공동의 이익을 추구하는 것을 말한다. 곧 섬기는 것을 뜻한다. 재주가 뛰어날수록 덕도 그만큼 따라 주어야 하며, 재주 이상의 인간미가 보일 때 사람들은 그를 진심으로 믿고 따른다.

그만큼 섬김은 인간관계에서 가장 중요한 요소이다. 이러한 섬김이 가장 활성화되어야 할 곳이 바로 교회이다. 교회는 예수님의 제자들이 이 세상을 이끄는 리더의 역할을 해야 하는 곳이므로 우리는 섬김으로써 사람들을 이끌어야 한다. 예수님이 그러셨듯이 말이다.

그렇다면, 섬김이 있는 교회의 모습은 어떨까? 한마디로 정리하자면 시끄럽다. 사람들의 다툼이나 분열로 시끄럽다는 것이 아니라, 섬기는 사람들과 섬김을 받는 사람들로 시끄럽다는 것이다. 섬김이 있는 공간은 시끄러울 수밖에 없다. 사람들을 모셔야 하니 말이다. 나 혼자서 편하게 내 할 일만 한다면 그곳은 조용하고 고상한 분위기가 흐르겠지만, 섬김이 넘치는 곳은 북적북적하다. 사람 소리가 이곳저곳에 가득하다.

그래서 세계적인 신앙 잡지 〈강단〉*Pulpit*의 발행인, 스피노스 조디아티 목사는 "살아 있는 교회는 아이들과 청소년들이 떠들고 재잘거리는 소리로 늘 시끄럽지만, 죽어가는 교회는 죽은 듯이 조용하다"라고 말했다.

우리 상암동교회는 시끄러움을 강조한다. 교회가 사람들로 늘 시끄럽도록 노력한다. 주일뿐만이 아니다. 월요일부터 토요일까지도 항상 시끄러워야 한다. 어린아이들부터 어르신들에 이르기까지 교회를 내 집 드나들 듯이 드나들 수 있도록 만든 것이다.

교회를 깨끗하게 유지해 나가는 것도 중요하지만 예배당을 아름답게 지어 놓고 만날 놀리는 것은 옳지 않다. 성도들이 정성스럽게 헌금한 것으로 우리만의 리그를 즐겨서는 안 된다. 행여 금방 낡더라도 발자국이 쉴 새 없이 찍히면, 그것이 진정한 아름다움이 아닐까?

우리 교회를 드나드는 사람들은 정말 다양하다. 그리고 그 다양함을 잘 들여다보면 유난히 소외된 이웃이 많다는 것을 알 수 있다. 어린이집 아이들을 비롯해서 실버스쿨에 오시는 어르신들, 장애 치료 교육을 받는 아이들과 학부모들이 그렇다. 나는 앞으로도 더 많은 사람으로 교회가 붐비었으면 좋겠다. 잠시라도 교회를 놀리는 것이 싫다.

한때는 교회 문을 24시간 열어 둔 적도 있다. 성도들은 물론이요, 지역 주민도 편하게 오갈 수 있도록 말이다. 하지만 안타깝게도 지금은 그렇게까지는 못한다. 언젠가 외부인이 교회에 들어와 화장실에서 담배를 펴 불이 날 뻔한 적이 있기 때문이다. 그래서 아쉽게도 24시간 교회 개방은 철회되었고 밤 열두 시부터 새벽 네 시까지는 교회 문을 닫는다. 그 네 시간만 제외하고는 누구든 환영한다. 누구든 우리 교회에 들어왔다 갈 수 있다.

주님은 우리에게 "너희는 세상의 소금이니 소금이 만일 그 맛을 잃으면 무엇으로 짜게 하리요 후에는 아무 쓸 데 없어 다만 밖에 버려져 사람에게 밟힐 뿐이니라 너희는 세상의 빛이라 산 위에 있는 동네가 숨겨지지 못할 것이요"마 5:13-14라고 말씀하셨다. 우리는 '소금과 빛'이 되어야 한다. 우리가 세상에서 소금과 빛의 역할을 제대로 감당하려면 많은 사람 가운데 있어야 한다. 아무리 좋은 소금과 빛이라도 그것을 사용할 사람들이 없다면 없는 것만 못하다.

소금과 빛으로서 섬김의 교회가 되어 교회 문을 활짝 열어 보자. 처음에는 사람들이 교회라는 이유로 부담감을 느끼고 오지 않을 수 있다. 괜히 종교 단체와 엮이기 싫다며 호의를 마다할 수도 있다. 그러나 진정한 섬김은 분명 마음의 문을 열게 되어 있다. 예수님의 섬김으로 다가서면 그들은 소금을 맛보고 빛을 쬐이면서 서서히 교회로 나아오게 될 것이다. 당장 교회에 등록하고 안 하고는 중요하지 않다. 교회라는 공간 안에서 예수님의 사랑을 맛보았다면 그것만으로도 이미 반은 성공한 것이다.

25 온유함을 드리는 학교, 실버스쿨

• • •

교육심리학자 해리 할로우Harry Harlow는 원숭이를 대상으로 애정 실험을 했다. 그는 두 개의 원숭이 인형을 만들어 아기 원숭이들에게 보여 주었다. 하나는 철사로 만든 딱딱한 인형이었고, 다른 하나는 솜과 천으로 만든 부드러운 인형이었다. 그는 인형의 가슴 속에 젖병을 넣어 아기 원숭이들에게 내밀었고 원숭이들은 양쪽으로 나뉘어 인형의 젖을 빨았다.

그런데 다음날부터 전혀 다른 양상이 나타났다. 아기 원숭이들이 철사 인형은 거들떠보지도 않고 솜 인형으로만 몰려든 것이다. 할로우는 이 실험을 통해 다음과 같은 결과를 발표했다.

"짐승들도 딱딱한 것보다는 부드러운 것을 좋아합니다."

사람도 마찬가지이다. 쇠붙이처럼 차갑고 면도날처럼 날카로운 사람은 고독에서 벗어날 수가 없다. 사람들은 날카롭고 딱딱하고 매정한 사람보다 부드럽고 온유한 사람을 찾는다. 부드럽고 온유한 사람 주변에는 늘 친구가 많기 마련이다. 우리가 온유함으로 사람을 대하면 경직된 관계도 부드러워지고 서로에 대한 신뢰감도 깊어진다. 사랑이 충만해지며 화평을 이룬다.

그렇다면 오늘날 우리가 온유하게 대해야 할 대상은 누구일까? 바로 우리가 만나는 모든 사람이다. 그들은 그리스도인인 우리가 온유함으로 자신들을 대하길 기대한다. 우리가 온유함으로 다가가야 할 특별한 대상이 있다. 바로 연세가 많은 어르신들이다.

어린아이들에게는 누구나 온유하고 다정다감한 모습으로 다가간다. 누가 봐도 귀엽고 예쁜 아이들에게 퉁명스럽고 차가운 모습을 보이기란 쉽지 않다. 젊은이들이나 장년들 역시 어린아이들만큼의 대접을 받는 것은 아니지만, 사회나 공동체 안에서 정당한 대접을 받는다. 젊은이들은 특유의 젊음과 싱그러움 때문에, 장년들은 그들의 능력과 경력 때문에 환영 받는다.

그러나 연세가 많은 어르신들은 상황이 다르다. 사람들은 어르신들에게 쉽게 다가가려 하지 않고 친해지고 싶어 하지도 않는 게 현실이다. 심지어 귀찮아하기도 한다. 그만큼 노년은 외롭다. 그분들에게는 온유한 말 한 마디가, 온유한 눈빛 한 줄기가 그리울 뿐이다. 특히 급속히 변화하는 정보 산업 사회에서 그분들은 생리적 노화 현상과 더불어 사회에 부적응하는 소외 계층으로 전락하고 있다.

상암동교회는 이런 시점에 기독교 정신에 입각해 그분들께 평생 교육의 기회를 제공하고자 연장 교육을 계획하였다. 이것이 실버스쿨이며, 우리는 이 실버스쿨을 통해서 노년의 외로움과 소외를 위로하고자 노력한다. 물론 많은 교회에서 잔치와 행사를 여는 등 여러 모양으로 어르신들을 섬긴다. 그런 일들도 당연히 어르신들에게 큰 위안이 된다. 하지만 일회성으로 그치는 경우가 많아 행사가 끝나고 나면 더 큰 외로움이 찾아올 수도 있다. 그렇기에 우리는 어르신들을 섬기되, 일시적인 것이 아니라 지속적이고 정기적인 자리를 마련하고자 했다.

모든 일이 그렇겠지만, 실버스쿨의 운영 또한 처음부터 모두 갖추어진 상태에서 시작한 것이 아니다. 우리 교회가 처음 실버스쿨을 시작하게 된 계기는 임대 교회 시절로 거슬러 올라간다. 당시 우리 교회는 신경통에 좋다는 온열 의료기를 두 대 구입했다. 한 대에 200만 원 정도 하는 의료기기는 성도가 60명 정도인 임대 교회의 형편으로는 꽤 만만치 않은 가격이었다. 실버스쿨을 열 당시 상암동이 개발되면서 많은 사람이 이사를 갔고, 우리 교회의 아래층도 비게 되었다. 다행히 건물 주인인 우리 교회 집사님이 흔쾌히 아래층을 무료로 빌려 주었다.

그곳에 의료기 두 대를 들여 놓고 성도들로 이루어진 자원봉

우리 교회는 노년의 외로움과 소외를 위로하고 어르신들께 평생교육의 기회를 제공하고자 실버스쿨을 운영하고, 때에 따라 의료 서비스도 제공한다. 무엇보다 어르신에게 하나님 나라를 향한 소망과 희망을 심어주고자 애쓰고 있다.

사자들이 매일 어르신들을 섬겼다. 그전까지만 해도 상암동에 있는 많은 어르신이 의료기를 사용하려면 무료 체험관이 있는 홍대역까지 버스를 타고 나가야 했다. 우리는 의료기가 우리 교회에 있으니 먼 곳까지 갈 필요 없이 교회에 와서 자유롭게 사용하시라고 홍보했다.

물론 이러한 섬김으로 성도 수를 늘리려고 한 것은 아니다. 그분들을 향한 영혼 구원의 마음은 간절했지만, 자원봉사자들한테 절대 교회에 나오라는 이야기는 하지 말라고 당부했다. 어르신들이 마음 편히 의료기를 사용하시도록 섬기고 음료수와 사탕 등 간식을 드리라고만 했다. 그런데 의료기기 봉사에 대한 소문이 점점 퍼져 나갔고, 이 일로 실버스쿨이 시작되었다. 지금의 교회가 건축된 후에는 아예 3층을 실버스쿨 전용 공간으로 사용하고 있다. 첫 클래스는 아홉 명이 왔지만 지금은 매주 화요일 150여 명이 넘게 출석한다.

의료기 두 대로 시작한 작은 섬김이 이제는 실버스쿨이라는 이름으로 65세 이상 어르신들의 삶을 윤택하게 지원하고, 그분들의 남은 삶을 아름답게 만들어 주고 있다. 또한 그 무엇보다 그분들에게 하나님 나라를 향한 소망과 희망을 심어 주고 있다.

인간은 누구나 노년을 맞이한다. 나는 마음속으로 간절히 바란다. 우리 교회뿐만 아니라 사회 전체가 어르신들을 향해 온유한 손길과 웃음으로 다가갈 수 있기를 말이다.

26

관심의 표현, 실질적인 헌신으로

• • •

아름다운 꽃으로 만발한 화단을 망쳐 버리려면 어떻게 해야 할까? 화단에 불을 지르거나 물을 많이 부어 버리면 된다. 그러나 그러한 수고를 하지 않아도 쉽게 망쳐 버리는 방법이 있다. 화단을 그냥 내버려 두는 것이다. 그렇게 하면 잡초가 무성해져 저절로 황폐해진다.

사람도 마찬가지이다. 가령 부부 사이를 예로 들어 보자. 어떻게 하면 부부 사이의 사랑이 깨어질 수 있을까? 매일 상대를 트집 잡아 헐뜯고, 약점을 노골적으로 공격하면 된다. 그런데 더 놀라운 것은 사실 그렇게까지 수고할 필요가 없다는 것이다. 남편은 아내를, 아내는 남편을 무관심하게 내버려 두면, 그 사랑은 깨지게 된다.

그렇다면 내 인생을 망쳐 버리는 방법은 무엇이 있을까? 하나님이 안 계신 것처럼, 내 영혼은 아무 가치가 없는 것처럼 무관심하게 내버려 두면 곧 무참히 망가질 것이다. 어디든, 무엇이든 생명이 있는 곳에는 관심이 필요하다. 관심을 두는 것이 생명을 살리고 존중하는 자세이다.

오늘날처럼 강퍅해지고 인심이 메말라 가는 시대에 관심만큼 절실한 것도 없다. 진심이 담긴 오리지널 관심이 필요하다. 이런 관심은 마음만으로 끝나지 않는다. 말로만 끝나지도 않는다. 반드시 실질적인 헌신을 불러온다. 때로는 희생을 수반한 헌신이 따르기도 한다.

우리 교회는 어르신들을 향한 사역에 있어서도 진심이 담긴 관심을 보이려고 노력했다. 그중 하나가 바로 효도 관광 프로그램이다. 실버스쿨에 참석하는 분들을 중심으로 일 년에 두 번 효도 관광을 보내 드리는데, 중요한 것은 실버스쿨 어르신들만 모시고 가는 것이 아니라, 실버스쿨에 참여하지 않는 분들도 원하시면 얼마든지 갈 수 있다.

효도 관광을 갈 때면 약 200명에서 240명 정도의 지역 어르신이 오신다. 교회와 실버스쿨에 안 나오시는 분들이 더 많을 정도이다. 매번 관광버스가 대여섯 대씩 동원된다. 그러다 보니 현실적으로 많은 문제가 생기게 된다. 240명이 동시에 식사할 곳을 찾는 것부터가 어렵다. 장소 섭외 하나 하는 것부터 엄청난 신경과 노력이 필요하다.

무엇보다 비용 문제가 관건이다. 버스 대여비와 많은 인원의 식비와 간식비, 선물비를 한 번에 준비하려면 상당한 비용이 소요된다. 게다가 일 년에 두 번씩 진행하는 행사이다 보니 연간으로 봤을 때 만만치 않은 지출이다. 물론 뒤에서 기도와 재정으로 후원해 주시는 분들이 많지만 적지 않은 부담이 되는 것은 사실이다.

그럼에도 우리 교회에서 이 일을 계속하는 이유는, 지역 어르신들에게는 이러한 관심이 절실히 필요하기 때문이다. 어르신들에게 이런 기회는 흔치 않다.

작은 노력과 수고만으로도 우리가 어르신들에게 드릴 수 있는 관심은 많다. 작은 관심도 중요하다. 하지만 때로는 더 많은 노력과 수고가 들어가는 관심도 보내 드려야 한다. 그 관심은 진정으로 그분들을 아끼고 사랑한다는 증표이기 때문이다. 교회가 나름의 희생을 감수하고 어르신들을 모신다는 것은 분명 그분들을 향한 구체적인 관심과 사랑을 교회가 구현하고 있다는 뜻이다.

실버스쿨에는 나오지 않아도 좋다. 우리 교회에 당장 출석하지 않아도 좋다. 그저 효도 관광을 통해 그분들이 예수님의 사랑과 관심을 접할 수만 있다면, 그것만으로도 족하다. 무관심한 이 세상에서, 유난히 어르신들에게 무관심한 이 세상에서 단 며칠만이라도 그분들을 주인공으로 만들어 드리고 스포트라이트를

비춰 드리고 싶다.

우리 교회는 앞으로 관광뿐만 아니라, 다른 방향으로도 어르신들에게 더 뜨거운 관심을 보낼 것이다. 특히 실버스쿨의 소그룹 내에서 더 유익한 활동을 할 수 있도록 교육 기자재를 더 다양하게 준비하고 싶다. 그리고 이를 위해 교재 연구도 다양하게 하고자 한다. 비록 이 부분은 아직 시행하지 못하고 있지만, 언젠가는 그분들을 위해 실천할 수 있으리라 믿는다. 효도 관광처럼 형편을 충분히 뛰어넘을 날이 속히 올 것을 믿어 의심치 않는다. 우리의 이러한 꿈이 빨리 실현되기를 바란다. 그 안에서 어르신들이 더 환하게 웃으며 얼어붙은 마음을 녹이시기를 기대한다.

27

지킬 것은 지키라

• • •

찰스 린드버그Charles Lindbergh는 1927년 3월 20일, 33시간 30분 동안 스피릿 오브 세인트 루이스라는 단발기를 타고 세계 최초로 뉴욕에서 파리까지 횡단했다. 그는 무착륙 단독 비행에 성공하여 미국과 프랑스 두 나라의 영웅이 되었다. 당시 파리에는 그의 대서양 횡단을 축하하는 행사에 환영 인사들이 인산인해를 이루었다. 그때 축하객 중 한 명인 모 담배 회사 사장이 그의 곁에 와서 담배 한 대를 주며 제의했다.

"이 담배를 들고 사진 한 장만 찍으면 5만 달러를 주겠습니다."

그러나 린드버그는 "나는 그리스도인입니다"라며 이를 점잖게 거절했다.

하지만 사장은 포기하지 않았다.

“그러면 담배를 입에 물고 있는 사진만 찍어도 5만 달러를 주겠습니다.”

이에 린드버그는 “나는 세례를 받은 그리스도인입니다”라고 말하며 다시 한 번 거절했다. 다음 날 이 내용이 프랑스 일간지에 대서특필되었으며, 감동을 받은 프랑스 그리스도인이 그에게 헌금을 했는데 그 금액이 10만 달러가 넘었다.

이 일화는 ‘불의에 대하여 죽고, 의에 대해 살아야 할’ 그리스도인의 본분을 잘 보여 준다. 고지식해 보일 수도 있지만, 그는 그리스도인으로서 지켜야 할 것을 올바로 지켰으며, 불의에 요동하지 않았다. 이와 마찬가지로 우리도 지킬 것을 마땅히 지켜야 한다. 성경에 근거한 기본 원칙을 지켜야 하며, 하나님의 원칙을 고수해야 한다.

임대 교회에서 사역을 시작한 지 3년째 되던 해인 2002년부터 교회 건축을 시작하게 되었다. 건축이 결정된 본 교회 1층 바닥 면적이 약 478.5제곱미터였는데, 그중 108.9제곱미터에는 새마을금고에 세를 놓기로 했다. 성전 건축 중 재정적인 어려움이 있었기 때문이다. 그런데 하루는 모 은행 점포 개설 담당자로부터 연락이 왔다. 그는 평당 2,000만 원을 줄 테니, 1층의 새마을금고를 제외한 나머지 369.6제곱미터를 임대해 달라고 제안했다.

당시 성전 건축을 하고 남은 빚이 7억 원 정도가 되었다. 369.6제곱미터를 3.3제곱미터당 2,000만 원으로 계산하면 22억 원이 조금 넘는 액수다. 이것은 엄청난 금액이다. 나는 제직들한테 지나가는 말로 이 사실을 이야기했고, 제직들은 모두 그 제안을 받아들이자고 했다. 22억 원을 받아서 7억 원은 빚을 갚고 나머지 15억 원은 은행에 넣어서 이자를 받으면 교회 재정에도 큰 도움이 된다는 계산이 나온 것이다. 이 얼마나 혹하는 제안인가.

그러나 한참을 생각해 본 후 최종적으로 내린 결론은, 거절이었다. 이유는 간단하다. 우리는 교회 건물을 임대해서 수익을 내려고 교회를 건축한 것이 아니기 때문이다. 1층의 108.9제곱미터를 새마을금고에 세를 놓은 것은 재정적으로 너무 어려웠기 때문에 불가피한 선택이었다. 하지만, 1층 전체를 시중 은행에 임대해 준다면 그것은 우리가 교회를 세운 목적과 맞지 않는다.

인간적으로 생각하면 참 아쉬운 일이기도 하다. 이런 선택이 어리석어 보일 수도 있다. 사실 나도 순간적으로 이 제안을 받아들여 빚을 갚고 남는 돈으로 하나님의 일에 쓰면 좋겠다고 합리화하기도 했다. 하지만 성전은 하나님께 드려진 건물이다. 어떠한 이유로도 그 건물의 용도를 변경하지 않는 것이 정답이요, 옳은 일이었다.

나는 당시 임대를 요청한 은행의 제안을 거절하는 과정에서 갈등했다. 7억 원이라는 빚이 있는 상황에서 마음이 흔들릴 수밖에 없었다. 이런 때 필요한 것이 기도이다. 기도는 우리가 올바른 선택을 하도록 인도한다. 가장 단순한 방법이지만 가장 정확한

눈에 보이는 유익이 아닌, 기도와 순종의 결과로 세워진 우리 교회는 하나님의 비전을 바라보며 지역사회를 섬기고 하나님 나라를 확장하는 데 앞장서고 있다.

방법이다.

당시 나는 먼저 기도로 하나님의 뜻을 물었고, 1층 전체를 세로 내놓는 것은 하나님의 뜻이 아니라는 것을 깨달았다. 비록 내 생각과 성도들의 생각은 그렇지 않았지만 하나님의 뜻에 순종해야 하기에 우리는 임대하고자 했던 마음을 접을 수 있었다. 우리는 그 자리에 어린이집을 운영하기로 했다. 그 이유는 소외된 어린이를 보살피기 위해서였다. 경제적인 이득을 따지자면 은행에 세를 놓는 것이 훨씬 더 나았지만 우리는 교회의 비전을 지켜야 했다.

그러나 그 과정 역시 순탄하지 않았다. 당시에는 용도상 종교시설에 어린이집 설립 허가를 해주지 않았다. 어린이집은 교육 및 연구시설에서만 세울 수 있었다. 당시 아파트는 우후죽순 세워지고 어린이집은 하나도 없어 맞벌이 부부들이 발을 동동 구르는 상황이었다. 그런데도 어린이집 개설 허가는 나지 않았다.

그런데 하나님께서 놀랍게 역사해 주셨다. 우리 교회의 취지와 비전을 듣고 감동을 받은 도움의 손길을 통해, 상암동 택지개발지구 용도가 확정되지 않은 상태에서는 용도를 조금 바꿀 수 있다는 것을 알게 되었다. 그래서 우리는 건물 1층의 용도를 교육 및 연구시설로 바꾸었다. 경제적 이익을 포기하고 선택한 선한 뜻에 하나님께서 우리 힘으로는 넘기 힘든 난관을 넘게 해주셨다. 그렇게 시작된 어린이집은 현재 서로 들어오려고 줄을 서는 상암동 최고의 어린이집이 되었다.

이렇게 당장 눈에 보이는 손해를 감수하고 지킬 것을 지키면 그 뒤에 일어날 일은 하나님께서 직접 해결해 주신다. 무엇을 하든지 주님 안에서 지킬 것을 지켰다면 더 이상 염려할 필요가 없다. 우리의 순종을 받으신 하나님께서 능히 해결하실 것이다. 어린이집을 든든히 세워 주신 하나님께서 우리가 기대한 것 이상의 복을 안겨 주셨다.

오늘날 교회는 지킬 것을 지키고 있는가? 순간의 선택 앞에서 나 자신을 하나님의 잣대 앞에 내려놓고 있는가? 교회를 지키는 분은 하나님이심을 기억하자. 우리의 생각과 뜻이 아닌, 하나님의 뜻대로 하는 것이 지킬 것을 지키는 것, 바로 교회를 지키는 것이다.

28

명품 인생답게

•••

프랑스 상류사회의 품격을 상징하는 샤넬, 모노그램 캔버스의 신화 창조 루이비통, 여성의 활동성과 개성을 강조한 패션의 혁명 불가리, 화려한 패션 브랜드로 거듭난 프라다, 영국 귀족 패션의 대명사 버버리, 최고를 추구하는 구두의 대명사 크리스챤 디올……. 이것들은 세계적인 명품 브랜드들이다. 『이유 있는 유혹』이라는 책을 보면 명품이 명품이라는 칭송을 받게 된 것은 결코 공짜로 이루어진 일이 아님을 확인할 수 있다.

명품은 오랜 시간에 걸친 꾸준한 노력, 최고의 품질을 고집하는 투철한 장인 정신, 고객에 대한 철저한 헌신에서 탄생한다. 즉, 명품은 처음부터 명품이 아니었다는 것이다.

우리도 마찬가지이다. 바울의 고백처럼 우리는 '죄인 중의 괴

수' 이다. 하지만 하나님께서는 우리를 손수 빚으셔서 명품으로 만드셨다. 하나님은 오랜 시간을 두고 최고의 품질을 자랑하는 명품을 만들 계획을 세우셨다. 세상의 명품들도 그 이름이 공짜로 얻어진 것이 아닌 만큼, 우리는 하나님의 명품으로서 세상에서 인정받고 영향력 있는 최고의 명품 인생이 되어야 한다.

그런데 명품 인생으로 살고자 마음먹는 것도 중요하지만 상대방을 명품으로 바라보는 자세 역시 중요하다. 특히 목회를 하는 데 있어서는 더욱 그러하다.

앞서 말한 대로 우리 교회는 어린이집을 운영하고 있다. 정원은 84명인데 한때는 대기하고 있는 아이들이 약 천 명쯤 된 적도 있었다. 왜 이렇게 경쟁률이 높은 것일까? 원인은 어린이 한 사람 한 사람을 하나님의 명품으로 바라보는 마음에 있다.

우리가 특별히 중요시 여기는 것 중 하나는 음식이다. 보통 어머니들은 아이를 어린이집에 보낼 때, 무엇을 먹이는지 제일 궁금해 한다. 그래서 나는 그러한 어머니의 마음을 대변하고자 했다.

어린이집은 아이들을 무조건 잘 먹이는 것을 기본으로 해야 한다. 간혹 비용 절감을 이유로 아이들이 먹는 음식을 부실하게 준비하는 어린이집이 있는데, 그것은 바람직하지 않다. 아이들이 맛있게 먹으면서도 아이들의 건강과 성장을 도울 수 있는 음식을 준비해야 한다.

우리는 모두 하나님께서 만드신 명품이다. 우리 교회 어린이집에서는 아이들 한 사람 한 사람을 하나님의 명품으로 바라보며 섬긴다.

어린이집 이사장으로서 내가 늘 부탁했던 것은 다음과 같다.

첫째, 얼린 고기는 먹이지 않는다. 그러다 보니 우리 어린이집 조리장은 출근할 때마다 고기를 수십 근씩 사오곤 한다.

둘째, 튀김을 할 때에는 할 수 없이 식용유를 쓰지만, 부침이나 그 외의 요리를 할 때에는 포도씨유나 올리브유를 사용한다. 튀김은 금방 끓으면서 음식을 익혀야 하기 때문에 어쩔 수 없이 식용유를 쓴다. 하지만 부침개 같은 것은 충분히 다른 기름을 쓸 수 있다. 물론 그 값이 식용유보다 훨씬 비싸다. 그러나 우리는 비용보다 아이들의 건강이 더 중요하다.

셋째, 채소는 최대한 신선한 것으로 사용한다. 성도 중에 직접 농사를 짓는 분이 있는데, 일부 채소는 그분의 도움으로 구하기도 했다.

넷째, 열량이 높은 피자나 햄버거보다는 옥수수, 감자, 고구마 등과 같은 자연식 위주로 제공한다. 학기 초만 해도 아이들은 이런 음식들을 잘 먹지 않았지만 곧 자연식에 익숙해졌다.

우리 교회 어린이집에서 제공하는 음식은 몸에 좋은데다 부모들에게도 믿음을 주었다. 어린이집에서 이렇게 좋은 재료들만 엄선해서 쓴다는 것을 아는 부모들은 주위에 소문을 냈고, 그러다 보니 사람들이 몰리고 교회의 이미지도 함께 좋아졌다.

이렇게 운영하다 보니 우리 어린이집은 매달 재정적으로 어려워 교회에서 직간접적으로 지원하고 있다. 항상 어린이집을 위해 노력해 주는 분들이 존경스럽다.

내가 이렇게 어린이집을 운영하는 것은 단순히 교회 이미지만을 위해서가 아니다. 교회 이미지가 덩달아 좋아지는 것은 결과일 뿐, 실제로 우리가 이렇게 하는 것은 아이들을 하나님께서 지으신 존귀한 존재, 명품으로 바라보기 때문이다. 그것을 아이들과 부모들에게 깨닫게 해주기 위함이다.

이런 생각과 사랑이 남들 눈에 잘 안 띄는 것부터 실천하게 만들어 주었다. 그러니 작은 것부터 하나하나 실천해야 한다. 손해를 보는 것 같아도 실천해야 한다. 그것이 내가 명품이 되고 우리가 명품이 되는 명품 인생의 길이다.

29 배려의 힘이 세운 공간

• • •

미국의 초등학교에 가면 흔히 볼 수 있는 장면이 있다. 키 큰 어른이 키 작은 아이와 대화하기 위해서 무릎을 꿇거나 최대한 허리를 숙이는 모습이다. 키 작은 아이의 눈높이를 어른이 맞추려는 것이다. 미국인들은 같은 어른 앞에서는 좀처럼 무릎을 꿇거나 허리를 숙이지 않는데 왜 유독 아이들에게는 그런 행동을 할까? 그것은 오직 배려 차원에서다.

배려란 무엇인가? 배려는 단순히 이해와 관심만으로 되는 것이 아니다. 상대방의 입장에 서야 한다. 배려하기 위해서는 이따금씩 자존심도 버리고 손해도 봐야 한다.

우리에게는 마음의 여유를 찾는 것이 시급하다. 그리고 그 여유 속에서 배려의 마음을 품고 상대방의 입장에 서서 생각해 보는 것이 필요하다. 무엇보다 배려의 극치를 보여 주신 예수님께서 인간의 모습으로 이 땅에 오신 것을 깊이 묵상하는 일이 필요하다. 그리고 그런 묵상을 통해서 하루에 하나라도 배려를 실천해야 한다.

우리 사회에는 유독 배려가 필요한 사람들이 있다. 바로 장애인들이다. 교회는 장애인 사역에 힘써야 하는 사명을 가지고 있다. 우리는 모두 배려의 극치이셨던 예수님의 사랑을 그 누구보다 풍족히 경험했다. 따라서 장애인들을 보살피고 따뜻하게 안을 만한 여유가 충분히 있다.

우리 교회는 이러한 배려를 실천하기 위해서 교회 4층에 나사렛치료교육센터를 마련했다. 이 공간은 우리 교회의 자랑이기도 하다. 이곳의 주인공은 장애를 가진 어린 아이들이다. 그들을 위해 언어 치료, 미술 치료, 음악 치료, 인지 치료, 놀이 치료를 할 수 있도록 공간을 준비했다. 정말이지 4층만큼은 그 아이들이 자유롭게 뛰놀고, 공부하고, 치료 받을 수 있는 공간이 되기를 바란다.

특별히 내가 장애인 사역 중에서도 아이들에게 관심을 갖게 된 계기가 있다. 우리 성도 중에 나사렛대학교 언어치료학과 김수진 교수가 있다. 유난히 장애아에 관심이 많다. 특히 자폐 성향이 있는 아이들에게 언어 장애가 나타나는 경우가 많은데, 김수진 교수는 그 때문에 힘들어 하는 부모와 아이들을 돕고 싶어 했다.

상암동교회 4층에 있는 나사렛치료교육센터에는 90여 명의 장애 아동이 교육 및 치료를 받고 있다. 그들이 하나님의 사랑을 느낄 수 있도록 하기 위해 다양한 섬김과 노력을 기울이고 있다.

김수진 교수는 장애를 가진 아이들을 돌보는 데 조금이라도 기여해야겠다고 결심하고 언어학 교수로서 언어 치료에 헌신하기로 했다. 실제로 언어 치료는 대부분 아이들을 위한 것이다. 그래서 김수진 교수는 교회를 중심으로 자폐 성향이 있는 아이들을 돕되, 자신의 달란트인 언어 치료 교육을 통해 돕고자 했다.

하나님은 이렇게 뜻을 세우고 사람을 만나게 하셔서 본격적으로 일을 행하게 하셨다. 내가 막연하게 장애인 사역의 비전만 품었다면 일이 자연스럽게 흘러가지 못했을 수도 있다. 하나님께서는 이러한 것을 다 아시고 성도 중에 장애인에 헌신하고자 하는 마음과 달란트가 있는 사람을 연결시키셨고, 나와 교회가 이러한 중요한 사역을 감당하도록 이끌어 주셨다.

나는 이것을 계기로 교회에 치료센터를 세운 후에 김수진 교수뿐만 아니라, 나사렛대학교 언어치료학과의 교육 및 치료 과정을 지원받고 있다. 이 모든 것이 얼마나 감사하고 놀라운 일인지 모른다.

현재 우리 교회 치료센터를 통해서 90여 명의 장애 아동이 교육 및 치료를 받고 있다. 현실적으로 교회에서 이런 치료교육센터를 운영하는 경우는 거의 없다. 우리 교회는 센터 운영을 위한 소정의 실비만 받고 아이들을 치료하고 있다.

우리는 그 아이들이 따뜻한 배려를 통해 하나님의 사랑을 느낄 수 있도록 하기 위해서 여러 모양으로 꾸준히 노력했다. 그 일환이 승강기 설치다. 만일 성도들만 생각했다면 굳이 승강기를 설치하지는 않았을 것이다. 그러나 재정이 많이 들더라도 치료를 받는 아이와 부모에게 꼭 필요한 것이 승강기라고 판단했다.

기존의 승강기는 건물의 특성상 1층 어린이집 내부로 들어가야 사용할 수 있었다. 거동이 불편한 장애인들에게는 여간 번거로운 일이 아닐 수 없다. 치료를 받는 아이와 부모 역시 마찬가지다. 재정이 많이 든다 하더라도 개선해야 할 문제라고 생각해서 추가로 승강기를 설치했다. 지금은 전면 유리로 된 장애인 전용 승강기가 마련되었다.

우리는 그들이 필요한 것을 느끼고 체감할 수 있도록 지혜를 달라고 하나님께 기도했다. 치료교육센터를 개설한 것 역시 우리의 지혜와 우리의 마음에서 나온 것이 아니다. 오직 하나님의 인도하심과 깨닫게 하심 가운데 나온 것이다.

30

어려움이 변하여 풍성함으로

• • •

상암동에는 난지천공원, 하늘공원 등 다섯 개의 공원이 있어 서울 시민들이 주말이나 휴일이 되면 가족 단위로 많이 찾아온다. 계절이 바뀌거나 날씨가 좋은 주말이면 도로변에 주차된 차가 길게 줄지어 있을 정도이다. 이렇게 많은 사람이 와서 아름다운 공원의 이모저모를 즐긴다. 특히 가을에는 하늘공원의 억새풀 축제가 유명하다. 봄이 되면 노란 개나리가 바람에 너풀거리며 자태를 자랑이라도 하듯이 공원 이곳저곳을 수놓는다. 그래서 봄이면 많은 사람이 개나리를 배경으로 사진도 찍고, 따뜻한 햇볕 아래서 도시락을 먹으며, 가족과 함께 만물이 약동하는 계절을 가슴으로 담는다.

상춘객들 중 많은 사람이 개나리를 꺾어 간다. 그러나 공원 관리자들은 이런 일을 제지하거나 단속하지 않고 그냥 내버려 둔다. 그 이유는 꺾은 가지에서 두 갈래 혹은 그 이상의 가지가 새로 나와 나중에는 더 풍성하고 아름다운 모습으로 변하기 때문이다.

혹시 지금 우리의 모습이 가지가 꺾인 개나리처럼 볼품없어 보이는가? 그렇다고 해서 걱정할 필요가 없다. 꺾인 개나리 가지에서 더 아름다운 가지와 꽃이 나오듯, 이 어려움의 시간들을 주님이 아름다운 것으로 변화시켜 주실 것이다. 그 변화를 주도하실 주님을 신뢰해 보자. 그리고 교회 사역에서도 어려움이 있을 때마다 변화를 이끄실 주님을 의지하자.

우리는 개나리가 보여 주는 반전의 변화를 나사렛치료교육센터 사역에서 절실히 경험할 수 있었다. 큰 뜻을 품고 주님의 인도하심 가운데 시작해서 지금까지 왔지만 어려운 점도 유난히 많았기 때문이다.

장애인들도 많은 어려움을 겪겠지만 장애인들의 부모는 더 힘든 삶을 살고 있다. 그들이 그동안 겪어 온 아픔은 당사자가 아니고서는 절대로 공감하지 못할 것이다. 무엇과도 바꿀 수 없는 자식이기에 사랑의 힘으로 버티지만, 사회의 따가운 시선과 열악한 교육 환경은 그들을 더욱 힘들고 지치게 한다. 그래서 우리는 이 사역을 하면서 장애인들의 부모도 함께 품어야 했다. 그 과정 역시 우리가 넘어야 할 산이었다.

그러나 장애인을 보살피는 사역을 하면서 한번도 이윤을 창출한다거나 전도를 하려는 목적을 가진 적은 없다. 물론 치료를 받으면서 자연스럽게 복음이 전해져 하나님을 믿게 된다면 더할 나위 없이 좋은 일이다. 하지만 우리의 역할은 그들에게 뭔가를 요구하는 것이 아니라고 생각했다. 다만 그리스도의 사랑으로 섬길 뿐이다.

실제로 치료교육센터는 2003년에 개설해 10년 이상 운영되고 있다. 그런데도 지금까지 직접적인 전도가 이뤄진 적은 한번도 없었다. 10년 동안 치료를 받으면서 한 명도 우리 교회 성도로 등록하지 않은 것은 신기할 정도다. 누군가는 그런 사역을 하는 이유가 무엇인지 의아해할 수 있다. 간혹 우리 교회 성도 중에서도 성도 수가 늘어나는 것도 아니고 수익도 없는데 꼭 이 사역을 해야겠느냐고 묻는 경우가 있다. 성전도 좁은데 굳이 한 층 전체를 치료교육센터로 사용하지 말고 공간을 나눠 다른 사역을 위해 사용하면 전도에 유용하지 않겠냐는 것이다.

물론 성도가 교회를 소중히 생각해서 조언하는 것이기 때문에 감사하게 생각한다. 그러나 중요한 것은 교회의 본질과 사명이다. 우리는 눈앞에 드러나는 이익이 아니라 교회의 진정한 사명을 먼저 생각한다. 교회의 사명 중 하나가 소외 계층에 관심을 갖고 그들을 돕는 것이다. 그래서 우리는 10년이 넘는 시간을 항상 같은 자리에서 그들에게 친구가 되어 주었으며 지금까지처럼 앞으로도 그저 하나님의 사랑을 베풀기 위해 노력할 것이다.

게다가 물질을 주관하시는 분은 하나님이시다. 우리 계산은 그저 인간적인 계산일 뿐이다. 무엇보다 하나님이 우리에게 맡기신 사명에 온 힘을 다하는 것이 우리의 몫이기에, 계산은 뒤로 하고 그저 그 아이들과 부모들을 사랑으로 품는 일에 전력을 다하는 것이다.

이 사역을 하면서 어려움이 있었지만, 그것은 개나리의 가지가 잘려 나가는 아픔에 지나지 않았다. 오히려 그 어려움 가운데서 더 풍성한 꽃이 피어났다. 경제적인 어려움이야 여전하지만 최고 수준의 강사진을 확보했고, 교육을 받고자 하는 사람이 줄을 설 정도로 소문이 났다.

우리는 지금 더 큰 꿈을 꾼다. 여기서 그치지 않을 것이다. 건물을 확장하여 더 다양한 치료를 마련하고 싶다. 또한 장애아들을 돌보는 데 지친 부모를 위해서 어린이집처럼 장애아들을 오전에 맡겼다가 저녁에 데려갈 수 있도록 운영하고 싶다. 아직은 공간이 부족하여 그럴 수 없지만 언젠가는 하나님께서 그 길을 열어 주실 것이라 믿는다.

31

드리되, 전부를 드리라

● ● ●

탈무드에 이런 이야기가 나온다. 어느 나라의 왕에게 어여쁜 외동딸이 있었다. 그러나 불행히도 그 공주는 몹쓸 병에 걸려 죽게 되었다. 다급해진 왕은 나라에 방을 붙이고 누구든 딸의 병을 고쳐 주는 자는 사위로 삼고, 왕의 자리도 물려준다고 했다.

당시 첩첩산중 산골 마을에 삼 형제가 살고 있었는데, 그들은 각기 보물을 하나씩 가지고 있었다. 첫째는 먼 곳을 볼 수 있는 망원경을, 둘째는 빠르게 날 수 있는 요술 담요를, 그리고 막내는 무슨 병이든 낫게 하는 사과를 가지고 있었다. 망원경으로 방 내용을 본 삼 형제는 요술 담요를 타고 그곳으로 날아가서, 공주에게 사과를 먹여 공주를 살렸다.

그런데 문제는 여기서부터 시작됐다. 과연 누가 사위가 될 것인가 고민에 빠진 것이다. 형제는 서로 본인이 적격자라고 주장했다. 왕은 깊은 고민 끝에 사과를 준 막내를 사위로 삼기로 했다. 그 이유는 망원경과 요술 담요는 아직 그들 수중에 있지만, 사과를 가졌던 막내는 이제 아무것도 가진 것이 없기 때문이다.

전부를 걸어 자신이 가지고 있는 가장 소중한 것을 주었다는 것은, 바로 가장 큰 마음을 주었다는 것이다. 우리 교회와 성도들은 모든 사역에 열심을 다하지만, 특히 전부를 걸 만큼 합심하여 진행하는 일이 하나 있다. 바로 '이웃사랑 나눔 바자회' 이다.

우리는 2000년도부터 지금까지 매년 이웃사랑 나눔 바자회를 연다. 이 역시 이미지 목회의 한 방향이라고 할 수 있다. 매년 추석 직전 토요일에 개최되는 바자회는 한가위의 풍성함을 지역의 소외 계층과 나누고자 하는 취지로 열린다. 원래는 기존 성도들끼리 열던 바자회였으나 '이웃사랑 나눔 바자회' 로 명명하고 확대하게 되었다.

교회에서 여는 바자회이지만 이 바자회는 상암동에서 최대 규모이며, 현재 상암동 지역의 동네 잔치로 어엿하게 자리 잡고 있다. 2008년과 2009년에는 마포구청장상을 수상하고 2010년에는 서울시사회복지협의회에서 주관하는 사회복지상을 수상하기도 했다.

이런 바자회를 마련하기까지 많은 연구가 있었다. 사실 교회

2000년부터 이어온 '이웃사랑 나눔 바자회'는 매년 2,000만 원 이상의 수익금을 낸다. 수익금은 전부 지역사회를 위해 사용한다. 이러한 '전부 드림'의 사랑이 사회 곳곳에 퍼져 나가기를 기대한다.

마다 바자회를 많이 열지만 실패하는 경우가 대부분이다. 나는 그 이유가 바자회에서 외부 판매자들이 물품을 판매하기 때문이라고 판단했다. 가령, 옷을 파는 상인이 와서 옷을 판매한 후에 수익금의 일부를 교회에 내는 형식으로 진행하는 것이다. 물론 일반 단체나 기관에서는 대부분 그렇게 진행하지만 교회는 세상과 같은 방법과 목적으로 하면 안 된다고 생각한다. 그래서 우리 교회는 그런 기존의 방식을 따르지 않았다.

특히 우리 교회 바자회의 분위기는 일종의 잔치와 같다. 다양한 먹거리를 직접 만들어 팔면 마련된 장소에서 바로 먹을 수 있다. 떡볶이와 부침개도 만들고, 식혜와 김치, 송편도 직접 만든다. 그래서 우리 교회 바자회에는 지역 주민으로 가득찬다. 한때는 교통경찰이 나올 정도였다. 하지만 우리가 무엇보다 중요하게 생각하는 것은 규모가 아니라, 최상의 품질을 저렴한 가격에 공급하는 데 있다.

특히 품질이 좋은 김치를 제공하기 위해 엄선한 재료로 김치를 담가서 판매한다. 고춧가루는 태양초를 쓴다. 산지에서 직접 고추를 사와 권사님들이 일일이 옥상에서 말린다. 배추도 장로님이 직접 산지까지 내려가서 사오거나, 농협에서 국산으로 구입한다. 그렇게 가장 좋은 재료를 선택해 100퍼센트 국산 김치를 만들어 사람들이 겨울철에도 김치를 쉽게 먹을 수 있도록 판매한다. 마음 같아서는 우리 교회 성도들도 많이 살 수 있게 하고 싶지만, 다른 이웃에게 기회를 주기 위해 사전 예약은 70퍼센트 이하로 정하는 방안도 마련했다.

김치만이 아니다. 주부들에게 꼭 필요한 조림간장도 직접 만들어 판매한다. 이때도 가장 좋은 원료로 만들도록 한다. 사과와 레몬, 양파 등 온갖 채소를 넣어서 정성껏 끓인 후 포장한다. 성도들이 직접 조림간장을 만들다 보니 그 품질이 우수한 것은 내가 따로 광고할 필요도 없이 입소문이 났다.

다른 음식도 마찬가지다. 재료는 무조건 최고급 품질로 사용한다. 특히 분식 종류는 아이들이 주로 먹는 음식이기 때문에 다른 것보다 더 신경을 쓰고 조금도 소홀히 하지 않는다.

우리는 몸은 고생스럽지만 이웃을 생각하며 좋은 품질의 상품으로 바자회를 준비한다. 할 수 있는 선에서 온 힘을 다하고 전부를 드리고자 한다. 그래서 2009년과 2010년, 그리고 2012년에는 순수익이 2,500만 원을 넘었다. 아쉽게도 2011년에는 평상시 수익금에는 미치지 못했다. 바자회 당일 하루 종일 비가 억수같이 왔기 때문이다. 그런데도 놀라운 것은 2,200만 원의 순수익을 거뒀다. 하나님께 감사할 따름이다.

그렇게 모아진 금액 전부는 주민자치센터와 구립창업복지기관에 기부한다. 이런 노력으로 지역사회 안에서 교회는 신뢰를 얻었고, 그것이 자연스럽게 전도의 열매로 이어지고 있다. 무엇보다 우리는 이 모든 준비 과정과 바자회 진행 과정에서 한마음

이 되는 기쁨을 얻는다. 또한 전부를 드림으로써 '소중한 것을 위해 함께 달려왔다' 는 특별한 기쁨과 보람을 얻는다. 나는 이런 일이 매년 지속되길 바랄 뿐이다. 무엇보다 우리의 그 '전부 드림' 의 사랑을 전달받은 사람들도 또 다시 누군가에게 전부 드림의 사랑을 전하고, 이로써 진정한 사랑이 이 지역사회에, 이 나라에, 더 나아가 전 세계에 자연스럽게 확장되기를 기도한다.

32 교회를 친절과 신뢰의 전당으로

• • •

예전에 어느 빵집에서 일하는 한 성도와 대화를 나눈 적이 있다. 하루는 그 성도가 푸념 섞인 말을 하였다.

"목사님, 참 이상한 사람들 많아요. 반쯤 먹다가 남은 빵을 가지고 와서 '이걸 언제 만들었냐?', '이물질이 들어갔으니 한번 보라' 고 따지면서 환불을 해달라거나 바꿔 달라고 합니다. 그런 사람들을 보면 인간적으로 시원하게 쏘아붙여 주고 싶어요."

얼마나 답답하면 그런 말을 하겠는가? 그 상황이 충분히 이해되었고 나 자신도 답답했다. 그런데 살다 보면 참아야 할 일이 너무 많다. 만약 그런 손님들과 같이 대거리를 하면 당장은 기분이 풀릴 것이다. 하지만 한 번의 기분 전환으로 그 손님을 영원히 잃을 수도 있다. 그래서 나는 그 성도의 상황과 마음은 충분히 이해

기부하기로 결심한 것은 무조건 기부에만 사용했다. 형식적으로 마지못해 드리는 것이 아니라 따뜻한 마음을 담아 진심으로 드릴 수 있도록 훈련을 했다. 친절한 교회, 믿을 만한 교회가 되어 하나님의 사랑을 온전히 전달하는 교회가 되기 바란다.

하지만 그래도 끝까지 친절해야 한다고 권면했다.

중요한 것은 이 친절이 신뢰로 연결된다는 것이다. 가식적인 친절은 금방 들통 나지만, 변함없는 친절은 상대방에게 신뢰를 심어 줘서 관계를 이어나가게 한다. 좋은 빵집, 좋은 병원, 좋은 교회 등 '좋은'에 담겨 있는 뜻은 무엇일까? 바로 친절하다는 것이다. 또한 신뢰할 수 있다는 것이다. 화가 나고 이해가 되지 않는 상황에서도 친절한 태도를 잃지 않는 것, 그리고 그런 행동으로 신뢰를 쌓아가는 것, 이것이 오늘날과 같은 경쟁 사회에서 승부를 결정짓는다. 그런데 친절과 신뢰를 얻는 일에는 반드시 희생과 인내가 요구된다.

앞서 말했듯이 우리 교회는 2000년부터 이웃사랑 나눔 바자회를 열고 그 수익금을 주민자치센터 등에 전달했다. 우리 교회를 위해서는 조금의 수익금도 남기지 않는다.

사실 처음부터 수익금 전체를 기부하는 것이 쉽지는 않았다. 교회 내부에서도 적지 않은 이론異論이 있었다. 바자회를 여는 과정도 만만치 않을 뿐더러, 어렵게 얻은 수익금을 전부 기탁하는 것 때문에 아쉬움이나 불만을 토로하는 성도들도 있었다. 성도들은 "수익금을 주민자치센터에 맡길 것이 아니라, 우리가 직접 우리 이름으로 도와 주자"고 주장했다. 그러나 나눔과 기부에 '내 이름'이 드러나서는 안 된다고 생각했다.

그래서 나는 성도들이 이 문제에 대해서 더는 왈가왈부할 수 없도록 아예 바자회의 수익금으로 기부한 내용을 현수막으로 제작하여 주민센터 앞에 걸었다. 우리 교회가 이런 일을 앞으로도 계속할 것을 완전히 공식화한 것이다. 이렇게 공식화하고 나니 성도들도 더는 반대하지 않았다. 이미 엎질러진 물이었다.

바자회로 얻은 수익금 전액을 기부하는 데에는 이런 갈등을 넘어 지역 주민에게 친절함을 선사했고, 신뢰도 얻었다. 사실 아무리 좋은 일을 위해 바자회를 연다고 해도 그 수익금에 대한 투명성을 의심받는 것이 현실이다. 그러나 우리 교회는 성도들이 모든 과정을 알기에 순도 100퍼센트의 투명성을 보증한다. 갈등까지 겪어 가면서 수익금 전액 기부의 길을 걸어왔으니 말이다.

만약에라도 성도들의 갈등을 잠재우기 위해 수익금의 일부를 교회 이름으로 사용했다면 어떻게 되었을까? 당장의 갈등은 줄었을지 모르지만 성도들 사이에서부터 신뢰가 무너졌을 것이고, 지역 주민은 교회를 믿지 못할 곳으로 여겼을지 모른다.

나는 바자회를 통해서 성도들에게 베푸는 훈련을 제대로 시킬 수 있었다. 수익금이 적을 때부터 타협하지 않고 베푸는 훈련을 했기에 이제는 아무리 많은 수익금이 생겨도 조금의 망설임도 없이 베풀 수 있게 되었다. 우리는 기부하기로 결심한 것은 무조건 기부했다. 특히 형식적으로 마지못해 드리는 것이 아니라, 따뜻한 마음을 담아 진심으로 드릴 수 있도록 노력했다.

이러한 노력을 통해 우리 교회는 지역사회 안에서 더욱 강한 신뢰를 얻게 되었다. 그리고 그 신뢰는 교회의 성장으로 이어졌다. 지역 주민 사이에서 상암동교회는 '작은 교회지만 바자회 수익금이 생기면 전액 기부하는 교회' 라는 인식이 자연스럽게 생겼다. 꼭 기부뿐만 아니라, 우리 교회는 다른 모든 면에 있어서도 '저 교회가 하는 것은 믿을 만하다' 는 인식을 주려고 노력한다.

처음에는 내부적 갈등이 있었지만 이제는 더 활발한 봉사 활동으로 이어지고, 그것을 계기로 '친절한 교회', '믿을 만한 교회'로 자리잡게 되었다. "교회도 믿을 수 없다"고 말하는 이 세상에서 "교회만큼 믿을 만한 곳이 없다", "교회만큼 친절한 곳이 없다"는 것을 나누고 싶다. 그래서 하나님의 사랑이 세상에 온전히 전달되기를 바란다. 하나님의 사랑에 대한 이미지가 우리 교회의 뚜렷한 이미지가 되기를 바란다.

33 지금 당장의 도움을 위하여

• • •

우리는 살아가면서 말은 잘 하지만 행동으로 옮기지 못하고 지나치는 일이 많이 있다. 또한, 마음은 있지만 행동으로 옮기지 못하는 일도 많이 있다. 도움을 준 사람이나 친하게 지낸 사람, 소중한 친구를 만나러 가겠다고 말은 하지만 바쁘게 살다 보니 때를 놓치고 만다.

한번 만나러 가야지 하고 생각만 한 친구가 곤경에 처했다는 소식을 듣고 서둘러 찾아갔으나 이미 늦은 경우가 있는가? '내가 조금만 더 일찍 도와주었다면 좋았을 것을……' 하고 후회한 적이 있는가?

하나님께서는 우리에게 세 가지 '금'을 주셨다. 첫째는 물질적인 풍요를 위한 황금이다. 둘째는 맛을 내는 데 필요한 소금이다.

셋째는 지금이다. '지금'의 사전적 의미는 '말하고 있는 이때'를 가리킨다. 지금! 우리의 주위를 살펴보아야 한다. 예수님께서는 한 영혼이 천하보다 귀하다고 말씀하셨다. 우리의 사랑과 관심을 애타게 기다리고 있는 귀한 영혼이 우리 주위에 많이 있다.

그렇다면 '지금' 도움이 필요한 사람에게 '지금' 도움을 줄 수 있는 방법은 무엇일까? 사실 마음은 원이로되 육신의 한계로 도움을 주고 싶어도 당장 주지 못하는 경우를 많이 본다. 앞서도 말했듯이, 아무리 친하고 소중한 친구라도 내가 당장 급한 일이 있는데 무조건 달려갈 수만은 없는 일이다.

그런데 이러한 문제의 대안이 바로 교회에 있다. 교회는 항상 열려 있다. 언제나 누구를 막론하고 다 들어올 수 있다. 만약 교회가 당장의 도움이 필요한 사람을 품을 수 있다면 '지금 당장' 도움을 줄 수 있다. 그러나 교회 건물만 있다고 해서 가능한 것은 아니다. 아픔이나 문제를 가진 사람이 찾아왔을 때 그 사람을 맞이할 준비가 되어 있어야 한다.

그런 차원에서 내가 시도한 것이 두 가지 있다. 그중 하나는 무료 법률 상담이었다. 대부분의 사람은 갑자기 법률적으로 해결해야 할 문제가 생기면 당황하기 마련이다. 주변에 법조인이 있다면 다행이지만 그렇지 않은 경우 억울한 일 앞에서 막막할 수밖에 없다. 법률 기관을 이용하려고 해도 비용이 많이 들어서 쉽지 않다.

바로 이런 사람들을 위해서 무료 법률 상담을 마련했다. 교회 내의 변호사인 성도를 중심으로 구성된 이 상담의 장은 누구에게나 열려 있었다. 무료이다 보니 부담을 가질 필요도 전혀 없었다. 당장 시급한 문제를 안고 있거나, 의문 나는 부분을 해결해야 할 때 마음껏 상담하고 문의할 수 있었다.

또 다른 하나는 무료 건강 상담이었다. 상담은 한의사가 직접 해주었다. 물론 분명한 문제가 있어서 치료를 받아야 할 때는 병원을 찾아야 한다. 하지만 어느 병원, 무슨 과에 가야 할지, 혹은 지금 자신의 증상이 이상이 있는 것인지, 아니면 보편적인 것인지 등 건강 관련 문제들을 상담하고 싶을 때 우리 교회를 활용할 수 있게 했다.

건강은 누구에게나 중요한 문제이고 걱정이 되는 부분이다. 그래서 몸에 조금이라도 이상 징후가 보이면 전문적인 상담이 필요하다. 하지만 그러한 상담을 받는 것도 쉽지 않기에 우리 교회는 이러한 문제를 안고 있는 지역 주민에게 조금이나마 도움이 되고자 했다. 법률 상담과 마찬가지로 이 상담 역시 교회 내의 의사인 성도들을 중심으로 진행했다.

간단한 의료 서비스도 제공했다. 매주 화요일에 열리는 실버스쿨에서는 한의사가 직접 와서 침술 봉사, 발혈 치유 봉사를 해주었다. 특히 발혈 치유는 매주 수요일 일반 성도를 대상으로 교육해 주고, 금요일엔 75세 이상 어르신들을 성도 여부와 상관 없

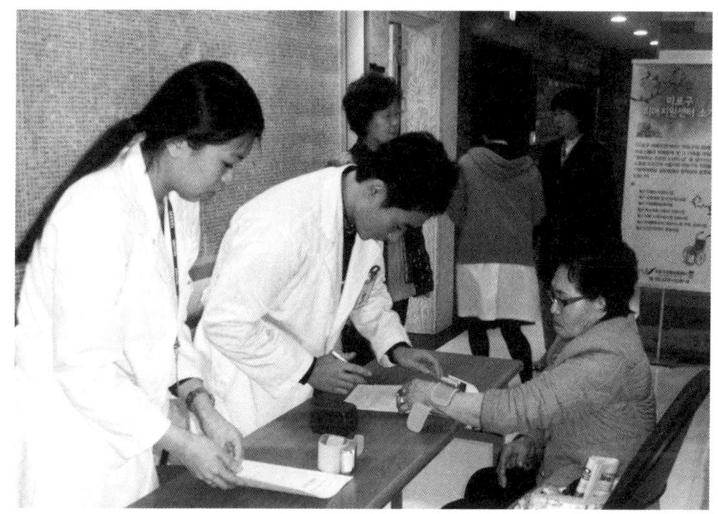

교회는 아픔이나 문제를 가진 사람이 찾아왔을 때 그 사람을 맞이할 수 있는 준비가 되어 있어야 한다. 우리 교회는 의료 · 법률 서비스 등을 통해 지역 주민의 필요를 돕고자 했다.

이 섬겨 드렸다.

결국 이러한 장을 통해 지역 주민에게 '지금 당장'의 도움을 선사할 수 있었고, 교회의 이미지도 더욱 좋아질 수 있었다. 이윤을 남기는 등의 다른 목적이 전혀 없이 그저 순수하게 사람들의 급한 필요를 돕기 위한 것임을 그들은 누구보다도 잘 알았다.

교회는 굳이 전문적인 차원의 도움이 아니더라도 얼마든지 사랑을 베풀 수 있다. 하지만 만약 상황이 허락한다면, 즉 전문적인 분야에서 도움을 줄 수 있는 인재가 교회에 있다면 그들과 합력하여 충분히 선을 이룰 수 있다. 특히 교회 안에는 다양한 전문가들이 있기 마련이다. 그들은 세상에서도 열심히 일하지만, 하나님이 주신 달란트를 교회 안에서도 충분히 귀하게 사용할 수 있다. 그러므로 교회는 꼭 법률이나 의학 분야가 아니어도 다양한 영역의 전문가들과 함께 전문적인 봉사와 섬김을 이끌어낼 수 있다.

안타깝게도 지금 우리 교회는 발혈 치유를 제외한 건강 상담과 법률 상담을 잠시 보류하고 있는 상황이다. 무료 사역이다 보니 주민에게 많은 도움이 되기는 했지만, 그 자체를 귀하게 여길 줄 모르는 일부 사람들이 문제를 일으키기도 했기 때문이다.

하지만 이것은 잠시 보류한 것이지 없어진 것은 아니다. 지금은 더 나은 방향을 연구하고 있다. 지역마다 교회의 특성이 조금씩 다르다. 그래서 나는 교회와 지역 주민에게 맞는 시스템을 연구해서 전문적으로 지역 주민을 도울 것을 제안한다. 나도 '지금' 누군가에게 도움이 되기 위해서 더 연구할 것이고 더 다양한 장을 마련해 나갈 것이다.

바로 지금 머릿속에 떠오르는 영혼이 있는가? 지나치지 말고 찾아가 예수님의 사랑을 전하라. 특히 교회가 그 일에 앞장서야 한다.

34 마음의 문제를 해결하기 위해 앞장서야 할 교회

최근 우리 사회에 영향력 있는 정치인, 경제인, 연예인 등이 목숨을 끊는 일이 꾸준히 증가하고 있다. 우리나라 자살률이 OECD 국가 중 1위이다. 왜 이렇게 자살하는 사람들이 많이 생기는 것일까? 왜 자살이 사회적 현상으로까지 번진 것일까? 우선 살기가 힘들기 때문일 것이다. 더는 삶을 지탱할 수 없을 만큼 막다른 골목에 이르렀기 때문에 마지막으로 자살을 선택한 것이다. 그래서 사람들은 "오죽하면 자살했겠는가"라며 동정하게 된다. 이것이 자살의 상황적 요인이다.

그러나 이것보다 더 본질적인 요인이 있다. 자살한 사람들보다 더 힘든 상황에서도 견디는 사람들이 있다. 죽어도 열 번은 더 죽어야 했겠지만 잘 극복하고 행복하게 살아가는 사람들이 얼마든지 있다.

이렇게 볼 때 사람들이 꼭 상황적 요인 때문에 자살한다고 단정 지을 수는 없다. 또 다른 요인이 있다. 바로 마음의 문제이다. 자살 충동을 느끼는 사람들은 참 많다. 사람들은 상황이 너무 힘들고 어려우면 '차라리 죽고 싶다'는 생각을 한다. 그렇다고 실제로 자살을 시도하는 사람은 많지 않다. 건강한 마음으로 자살 충동을 잘 추스르고 이겨내기 때문이다.

자살 충동을 이기지 못하는 사람들은 대부분 우울증이나 자폐증을 앓거나, 애정 결핍증에 시달려 왔다는 통계가 있다. 마음이 상했다는 것이다. 이런 상한 마음이 자살 충동을 이기지 못하고 결국 자살을 시도하게 만든다.

그렇다면 마음의 문제로 인한 위기를 어떻게 극복할 수 있을까? 무엇보다 그리스도인이 먼저 나서야 한다. 물론 그리스도인 역시 마음의 문제를 많이 경험한다. 그러나 우리는 기본적으로 마음의 문제를 해결할 분명한 창구가 있다. 상황이 아무리 힘들어도 성령님이 붙들어 주시면 문제는 종료된다.

교회는 이러한 힘으로 우리 마음의 문제도 해결하고, 더 나아가 이웃의 마음을 치유하는 역할을 감당해야 한다. 마음의 문제, 특히 무서운 우울증으로 힘들어 하는 현대인들을 위해 우리 교회는 특별한 계획을 세우고 있다. 교회성장과 발맞추어 시대적 문제에 대응하기 위해 두 가지 새로운 시도를 꿈꾸게 된 것이다.

첫째는 '직장인 예배'다. 직장인들은 다람쥐 쳇바퀴 굴러가듯 답답한 일상 속에서 고통을 받으며 살아간다. 가장으로서 가정을 지키고 생계를 유지하기 위해 일하지만 정작 자신의 마음은 궁핍해지고 있다. 우리 교회는 그들을 우선적으로 치유하고자 하는 희망을 품고 있다.

현재 우리 교회는 매주 수요일 낮 열두 시부터 직장인 예배를 드리고 있다. 인근 회사에서 직장인 약 20명에서 30명이 모여 예배를 드리고, 예배 후에는 교회에서 제공하는 점심 식사도 함께 한다. 우리는 직장인 예배뿐만 아니라 신우회 활동의 활성화를 위해서도 비전을 갖고 있다. 인근 회사마다 직장인들이 함께 모여 마음 놓고 예배하고 마음을 나눌 수 있도록 장을 열어 줄 계획을 가지고 있다.

둘째는 '연예인 상담 센터 운영'이다. 화려한 조명 속에서 대중의 인기를 힘입어 살아가지만, 연예인들은 우리가 생각하는 것 이상으로 고독한 사람들이다. 안타깝게도 최근 몇 년 간 자살한 연예인들 중에는 그리스도인이 꽤 많다. 하나님을 알지만 그 고통을 이기지 못하고 무너진 것이다. 아마 그들이 하나님과 온전한 교제를 하며 성령의 인도하심을 받았더라면 그 위기를 벗어날 수 있었을 텐데, 그저 안타까운 마음뿐이다.

그래서 우리 교회는 연예인들을 대상으로 한 사역에도 본격적으로 나서려고 한다. 감사하게도 얼마 전부터 상암동에 KBS,

MBC, SBS, YTN, 교통방송 등 한국을 대표하는 각 방송국과 미디어센터의 입주가 줄을 잇고 있다. 이는 2002년 서울시가 야심차게 시작한 상암동 디지털미디어시티DMC 사업의 일환으로서, 우리 교회 주변의 약 56만 7천 제곱미터 규모에 문화 엔터테인먼트 분야의 역량이 한 자리에 결집되는 것이다. 디지털미디어시티는 얼마 안 있어 완공을 앞두고 있다. 그때가 되면 교회 주변으로 연예인은 물론 언론, 방송, 엔터테인먼트 산업 분야에 종사하는 많은 사람이 모이는 요충지가 될 것이다. 우리 교회는 그들이 그리스도인이든 그렇지 않든 하나님을 온전히 만나고 진실한 사랑을 경험할 수 있도록 도울 것이다.

무엇보다 연예인들은 공개적인 활동을 하는 사람들이다. 그들이 변화를 받게 된다면 하나님의 복음을 전하는 데 더욱 귀하게 쓰임 받을 수 있다. 그런 중요한 역할을 기대하여 상담을 운영하려는 것이다.

꼭 우리 교회가 아니어도 좋다. 많은 교회가 진정한 사랑을 깨닫게 해줄 수 있는 상담실을 운영하길 바란다. 교회야말로 마음의 문제를 해결해 줄 수 있는 가장 위대한 열쇠를 가지고 있으니 말이다.

35

열정:
위기를 기회로

• • •

『백만 번의 프러포즈』의 저자 조용모 씨는 어려운 형편이었지만 시골에서 초등학교와 중학교를 마치고 상경하여 서울대학교 대학원 법학과를 졸업했다. 고생 끝에 5급 사무관으로 사회생활도 멋지게 시작했다. 그러나 스물일곱, 꽃다운 나이에 뺑소니 차에 치이면서 한쪽 다리를 못 쓰는 지체 장애 2급 판정을 받았다. 감당할 수 없는 불행이 찾아온 것이다.

그는 좌절과 분노, 자기부정, 방황을 이기지 못하고 자살까지 시도했다. 그러나 주어진 인생을 막 살 수는 없다고 생각하고 직장을 찾아 나섰다. 하지만 장애인인 그에게 취업의 문은 쉽게 열리지 않았다.

110번의 입사 지원 끝에 보험회사에 취직한 그는 보험설계사로 제2의 인생을 시작했다. 그는 '열정' 하나로 고객이 아무리 변덕을 부려도 포기하지 않았다. 고객을 사랑하는 사람이 되어 고객만 생각하고 노력하여 '보험 왕'이 되었다. 그는 "내가 가진 능력이 얼마인지가 중요한 것이 아니라, 가진 것을 어떻게 쓰느냐가 중요하다"고 말했다. 그에게 있어서 사람답게 산다는 것은, 순간을 영원처럼 자신의 모든 것을 쏟아 부으며 산다는 것을 뜻한다. 그는 그야말로 순간순간 온 힘을 다했다.

교회도 그래야 한다. 목회를 하다 보면 위기의 순간이 많이 찾아온다. 그러나 하나님의 눈으로 볼 때 위기의 순간이란 없다. 그 순간에 온 힘을 다하면 분명 귀한 열매를 맺게 하시기 때문이다.

교회를 건축하기 전 임대 교회 시절의 이야기다. 처음 부임할 당시 상암동에는 '2002 한일 월드컵'을 위해 경기장 건축이 시작되었다. 그 때문에 기존의 집들을 철거해야 했고, 이사를 가는 사람들이 많았다. 우리 교회 성도들도 예외는 아니었다. 이렇게 사람들이 이사를 가다 보니 얼마 되지 않는 성도도 점점 줄게 되었다. 그때 내가 느낀 긴장감과 초조감은 이루 말할 수 없었다. '이러다가 교회 문을 닫아야 하는 것은 아닐까?' 하는 생각이 나를 힘들게 했다.

그러나 이러한 생각도 잠시, 나는 위기를 기회로 변화시키시는 하나님을 믿음으로 바라보며 더욱 열심히 전도했다. 지금의 상암동 로터리가 그 당시에는 5번 종점이었다. 그곳이 나의 주요 전도 지역이었다. 지금이야 먹자골목이 되었고 새 건물도 많이 들어오고 깨끗하지만 그때는 먼지도 많고 지저분했다. 그곳에 조그마한 가게가 하나 있었는데 주위에 먼지가 많다 보니, 과자 봉지 위에도 늘 뿌옇게 먼지가 앉아 있었다. 살수차가 다니면서 먼지가 날리지 않게 할 정도였다. 불과 13년 전 상암동의 모습이다.

사실상 전도를 직접 해본 경험이 적다 보니 처음에 나는 많은 어려움을 겪었다. 당시는 6월 경이라 날씨도 무더웠다. 사람들에게 깔끔하고 좋은 인상을 주기 위해서 늘 흰 와이셔츠를 입고 넥타이는 원색에 가까운 컬러풀한 것을 매고 소매를 두 번 접은 채, 한 손에는 성경을 들고 먼지 틈에서 전도를 했다.

내가 소매를 두 번 접은 데는 다 이유가 있었다. 리더십 트레이닝을 받을 때 배운 것을 적용한 것이다. 남자들이 일할 때 흰 색 와이셔츠를 입고, 원색 가까운 넥타이를 매고 소매를 두 번 접으면 활기차 보이고 열심히 일하는 인상을 준다고 한다.

그런데 막상 지나가는 사람을 붙잡고 전도하기란 쉽지 않았다. 그래도 내가 할 수 있는 것은 그 순간에 온 힘을 다하는 것밖에 없었다. 때마침 우리 교회의 교회학교 아이들이 왔다 갔다 하는 것이 보였다. 이미 다니는 아이들을 굳이 전도할 필요는 없었고, 내가 해줄 수 있는 것이라고는 과자를 사 주는 것뿐이었다. 과자를 사서 검은 봉지에 담아 아이들에게 주었다. 당시만 해도 봉지가 가득 차도록 과자를 사려면 2천 원이면 충분했다.

아이들의 성향 중 하나가 마음에 드는 새로운 것이 생기면 그 것을 들고 그 길로 집에 간다는 것이다. 놀라운 것은 그 과자 봉지를 들고 아이들이 집에 갔을 때의 상황이었다. 아이들은 새로 오신 목사님이 과자를 사 주었다고 부모에게 자랑을 했다. 처음에 과자 봉지를 들고 왔을 때는, 돈도 안 줬는데 과자를 들고 오니 혹시 사고 친 것은 아닌가 하고 부모들이 걱정을 했단다. 그러나 이내 목사님이 사 주셨다는 아이들 말을 듣고 안심을 하며 동시에 놀랐다고 한다.

작은 것이지만 부모 마음에는 목사에 대한 인상이 좋아질 수밖에 없었다. 목사님이 내 아이를 챙겨 주고 마음을 써 주었다는 생각에 부모는 자연히 아이들에게 주일학교에 꾸준히 나갈 것을 독려했고 자신도 교회에 나오기 시작했다.

이후에도 나는 아이들을 만나면 계속해서 과자를 사 주었다. 그러니 아이들도 지나가다가 나를 보면 좋아서 달려오고, 가게 주인 아주머니도 덩달아 좋아했다. 먼지 쌓인 재고를 다 처리해 주니 얼마나 고마웠겠는가. 특히 그 아주머니는 소문을 잘 내는 분이었다. 그래서 가게를 찾는 사람들에게 '과자를 사서 아이들에게 주는 사랑 많은 젊은 목사'에 대해 잔뜩 소개를 하였다. 그러다 보니 자연스럽게 젊은 엄마들이 한두 사람씩 교회에 나오기 시작했다.

나는 상암동교회 첫 부임 후 전도를 하다가 동네 아이들이 뛰어 노는 것을 보고 비닐 봉투에 과자를 가득 담아 주곤 했다. 어떤 목적을 위해 한 일은 아니었지만 이 일은 동네에서 교회의 이미지를 선하게 바꿔 지금의 교회를 세우는 데 큰 역할을 했다. 이것을 '5번 버스 종점 전도'라고 부른다.

우리는 이것을 '5번 버스 종점 전도'라고 부른다. 그때의 전도를 계기로 우리 교회학교가 이렇게 자리를 잡게 되었다. 가끔 그런 생각을 해본다. 만약 그 순간에 내가 전도를 포기하고 낙심했다면 지금쯤 어떻게 되었을까? 먼지로 가득한 그곳에서, 사람과 대화 나누기도 힘들었던 그곳에서 전도하는 것을 포기했다면 어떻게 되었을까? 감사하게도 하나님은 내가 그 순간에 집중하게 하셨고 그 자리를 지키게 하셨다.

그 이후로도 나는 순간에 대한 소중함을 잊지 않는다. 특히 영혼 구원에 대해서는 더욱 그러하다. 지금 내 옆을 지나가는 사람에게 복음을 전하는 것, 먼지가 가득한 상황에서도, 말문이 안 떨어지는 그 순간에도 온 힘을 다해 복음을 전하는 것, 그 순간의 열정을 하나님께서 기억하신다. 게다가 반드시 영원의 열매와 복으로 갚아 주신다. 그리고 무엇보다 그 어렵고 힘든 시간에 하나님은 우리와 함께하신다.

36 가장 존귀한 존재

한 강사가 강의 도중 갑자기 주머니에서 5만 원짜리 지폐 한 장을 높이 쳐들었다.

"이 돈을 갖고 싶은 사람은 손을 들어 보십시오."

학생들이 대부분 손을 들자 강사는 말을 이어갔다.

"저는 여러분 중 한 분에게 이 돈을 드릴 생각입니다."

그러더니 갑자기 5만 원짜리 지폐를 구겨 버렸다.

"여러분, 아직도 이 돈을 갖기 원하십니까?"

갑작스러운 그의 행동에 놀라면서도 거의 모든 사람이 손을 들었다. 그러자 이번에 그는 5만 원짜리 지폐를 땅바닥에 던지더니 구둣발로 밟아 더럽혔다. 그리고 그 지폐를 집어 들고, 아직도 그 돈을 갖고 싶은지 물었다. 거의 대부분의 사람이 여전히 손을

우리 교회는 57년째 새벽 찬양을 하면서 성도로부터 받은 선물을 모아 '푸드 드라이브'를 진행함으로써 어려운 교회를 돕고 있다. 예수님의 생일에 그분의 사랑을 실천하는 것이다.

들었다. 아무리 강사가 돈을 구기고 발로 짓밟고 더럽혀도 5만 원의 가치는 전혀 변하지 않았다.

우리도 인생이라는 무대에서 여러 번 떨어지고, 밟히며, 더러워진다. 실패와 패배라는 이름으로 겪은 아픔들을 모두 간직하고 있을 것이다. 그런 아픔을 겪게 되면 사람들은 대부분 자신이 쓸모없는 사람이라고 생각하며 스스로를 평가절하한다. 그러나 기억하자. 우리가 구겨지고 더럽혀지고 실패할지라도 여전히 변하지 않는 진리가 있다는 것을. 우리는 예수 그리스도의 피 값으로 산 하나님의 존귀한 자녀라는 것을 말이다.

우리가 존귀한 존재임을 알리는 것이 바로 교회의 사명이다. 오늘날의 실적과 업적, 스펙 등으로 사람을 평가하는 세태 속에서 많은 사람이 상처 받고 있다. 그러나 교회는 그러한 사람들을 향해서 "당신은 하나님의 존귀한 자녀이고, 하나님은 당신의 있는 모습 그대로를 사랑하십니다"라고 전해야 한다.

상암동교회는 이를 위해 매년 크리스마스가 되면 꼭 새벽 찬양을 돈다.

새벽 찬양은 예수님이 태어난 날 동방박사 세 사람이 마구간 밖에서 찬양과 경배를 한 것에서 유래했다고 한다. 크리스마스 날 새벽에 동네 아이들이 다른 성도들의 집에 찾아가 캐럴이나 찬송가를 부르는 것은 우리의 정겨운 크리스마스 문화이기도 하다. 하지만 이제는 대부분 사라졌다. 곤한 새벽잠을 깨운다고 사람들이 불편해 하기 때문이다. 메들리로 부르는 노래와 성탄 인사의 떠들썩한 소리를 도시인들은 공해로 인식한다.

그런데 우리 교회는 서울 도심에서 58년째 새벽 찬양을 하고 있다. 성도들이 옷을 두껍게 껴입고 인근의 집을 찾아다니며 축복의 노래를 불러 주는 것이다. 워낙 춥다 보니 서로의 팔짱을 끼기도 한다. 그 가운데서 성도들 사이에 정이 쌓인다. 그리고 돌아다니면서 이런 저런 이야기를 나누며 서로 은혜를 나누기도 한다.

새벽 찬양 중에 한 권사님이 "한 해 동안 감사의 조건을 서로 이야기하자"고 말한 적이 있다. 그중에서 "예수님과의 만남은 내 인생 최대의 선물이다"라는 70대 성도의 고백도 들을 수 있었고, "실연을 당해 힘들었지만 하나님의 은혜로 극복했다"는 젊은 성도의 사랑 이야기도 들을 수 있었다. 또한 "경기 침체로 취업난이 심각하지만 자녀가 취업에 성공했다"는 감사의 고백도 나왔다. 우리는 그렇게 사랑을 전하면서 깊은 사랑과 은혜를 나눌 수 있었다.

새벽 찬양을 하다 보면 성도의 가정으로부터 선물을 많이 받게 된다. 우리는 가정을 축복하면서 사랑을 전하고, 성도 역시 작은 선물로써 우리에게 사랑을 전하는 것이다. 이렇게 사랑을 주고 받으면서 새롭게 시작된 사역이 '푸드 드라이브' food drive이다. 푸드 드라이브란 성도들로부터 받은 선물들을 모아 어려운

교회를 돕고자 만든 프로그램으로, 우리 교회는 매년 12월에 푸드 드라이브를 진행한다.

새벽 찬양으로 모이는 선물은 그 양이 상당하다. 과일이나 과자 같은 먹거리도 있고, 의류, 장난감, 생필품 등 종류도 다양하다. 그렇게 모인 선물을 우리는 큰 상자에 가득 담는다. 우리 교회에서 사용하는 것은 하나도 없다. 이렇게 상자를 준비해 적게는 열 곳, 많게는 열다섯 곳의 어려운 교회를 선정해 세 상자씩 보내 준다.

한번은 이런 사연을 듣기도 했다. 시골에 있는 작은 교회였는데, 재정적으로 어려움이 있어 아동부의 간식을 챙겨 주기 어려웠다고 한다. 아이들은 곧 주변에 간식을 많이 주는 큰 교회로 옮겨 갔다. 그러나 이런 상황에서 아이들을 탓할 수는 없는 일이었다. 그러던 중에 우리 교회의 푸드 드라이브를 통해 도움을 받게 되었고, 제공 받은 먹을 거리와 생필품으로 아이들에게 6개월 동안 간식을 챙겨 줄 수 있게 되어 어려움을 이겨냈다는 것이다. 예수님의 생일에 그분의 사랑을 실천함으로써 얻게 된 귀한 결실이었다.

성탄의 주인공인 예수님은 간데없고 먹고 마시고 노는 세속 문화가 그 자리를 차지하는 요즘이다. 그러나 성탄절은 또 다른 기회이다. 교회가 사명을 제대로 감당해야 할 중요한 날이다. 예수님께서 이 땅에 오신 거룩한 희생의 사랑을 전함과 동시에 우리 모두가 그 사랑을 받고 있는 존재임을 일깨워 주어야 한다. 우리가 어떤 상황에 처했든, 심지어 그 상황이 밑바닥이라 할지라도 우리는 여전히 사랑 받고 있는 존재임을 전해야 한다.

그래서 우리 교회는 매년 새벽 찬양을 한다. 이러한 간절한 바람을 담아 찬양하고, 사랑을 전한다. 물론 그 사랑을 전하는 것이 그날 하루만의 행사로 끝나서는 안 된다. 매일이 그런 날이 되어야 한다. 하지만 일상에서 그 사랑을 전하되, 예수님의 생일에는 이렇게 좀 더 특별한 이벤트로 감동을 전하는 것도 필요한 것 같다.

Part 4

동행

37 빚진 자의 마음으로 올리는 감사

• • •

머리카락을 한 올 심는 데 얼마의 비용이 드는지 아는가? 무려 1만 원이다. 이 정도면 그렇게 비싸게 생각되지 않는다. 그런데 만 원 주고 머리 한 올만 심을 사람은 없다. 적어도 몇 천 올은 심어야 효과가 나타난다. 그러면 가격은 엄청나게 불어난다. 머리카락 100가닥을 심으려면 100만 원이 들고, 1,000가닥를 심으려면 1,000만 원이 든다. 그런데 1,000개를 심어도 표시가 별로 나지 않는다고 한다. 보통 사람의 머리카락이 20만 가닥 정도 되기 때문에 1,000가닥을 심어 봐야 한 귀퉁이 밖에 채울 수 없다는 것이다. 머리 전체를 다 심는 데 드는 비용은 무려 20억 원이다. 그렇다면 머리카락만 제대로 있어도 20억 부자가 되는 셈이 아닌가.

감사는 생각으로부터 온다. 생각만 바꾸면 감사하지 못할 일이 없다. 나 역시 부임 이후 상암동교회에서 사역했던 지난 시간을 돌아보면 감사할 일이 무궁무진하다. 이곳에 교회가 세워질 수 있게 하신 것도 하나님의 은혜다. 이 지역 사람들이 교회를 통해 하나님을 알게 된 것도, 그리고 하나님을 알게 된 사람들이 지금 우리 교회에 모여서 다른 주민을 위해 전도하고 헌신하는 것도 은혜다.

그뿐만이 아니다. 교회를 더욱 부흥하게 하시고 그만큼 더 많은 사역을 감당하게 하신 것도 놀라운 은혜다. 이것은 우리 힘으로는 결코 할 수 없는 일들이자 결과이다. 머리카락을 가지고 있는 것처럼 어쩌면 당연하게 생각하면서 넘어가는 일들이지만 생각하면 할수록 감격스러운 은혜이다.

그렇다면 우리는 이 은혜에 어떻게 반응해야 할까? 그저 감사의 고백을 드리면 되는 것일까? 그러나 진정한 감사는 고백으로 끝나지 않는다. 분명히 행동으로 이어지기 마련이다. 우리가 누군가에게 장기이식을 받았다고 가정해 보자. 혹은 어려운 상황에서 큰돈을 지원 받았다고 가정해 보자. 그냥 감사하다는 말로 끝날 수 있을까? 아마 형편이 어떠하든 간에 감사의 마음을 표현하고자 또 다른 노력을 할 것이다. 그리고 이와 더불어 늘 빚진 자의 마음으로 살 것이다.

우리 교회도 마찬가지였다. 장기이식이나 큰돈을 받는 것과는 비교할 수도 없는 은혜를 누렸다. 그러니 감사의 마음은 자연스럽게 빚진 자의 마음을 주었다. 빚진 자의 마음을 표현할 길은 바로 나눔 사역에 힘을 쓰는 것이었다. 그래서 앞에서 언급한 지역사회를 향한 나눔뿐만이 아닌, 또 다른 나눔의 계획을 품게 되었다.

나눔 사역의 첫 시작은 상암동교회의 초창기 모습처럼 도움의 손길을 필요로 하는 교회들을 돕는 것이었다. 본격적으로 이 사역을 시작한 것은 2003년이었다. 이 사역을 감당하면서 내가 늘 잊지 않는 것이 있는데, 목회자로 부름 받고 오늘에 이르기까지 사랑의 도움을 주었던 수많은 손길이다. 그리고 상암동교회 역시 창립을 도와준 미국 나사렛 본부와 지금의 교회 건축을 위해 헌신한 수많은 성도의 손길도 잊지 않는다. 무엇보다 그

상암동교회의 역사는 1955년 미국 나사렛 교단의 도움으로 세워진 성암교회에서 출발한다. 당시 교회를 세우고자 도와주었던 수많은 손길을 잊지 않고 이제는 그 도움의 손길을 돌려주기 위해 노력하고 있다.

모든 일을 주관하신 하나님의 은혜를 되새기고 또 되새긴다.

2003년부터 시작한 다른 교회들을 돕는 사역은 갈수록 규모가 커지고 있다. 현재는 매월 45개 교회 및 기관을 지원하고 있다. 그런데 중요한 것은 이조차 놀라운 은혜라는 사실이다. 즉, 이만큼 했으니, 받은 은혜의 빚을 잘 갚아가고 있다고 착각해서는 안 되었다. 이만큼 사역할 수 있게 하신 것은 이만큼 더 큰 빚을 진 것이기도 했다. 이런 사역을 할 수 있도록 교회의 재정을 뒷받침해 주신 것도 우리 노력이 아닌, 은혜이기 때문이다. 또한 우리가 그런 마음을 잃지 않게 해주신 것도 전적인 은혜이기 때문이다.

그렇기에 더 많이 사역한 만큼 감사할 것도 늘어난다. 사랑의 빚 역시 더 늘어난다. 은행에서 말하는 복리 이자 시스템과는 비교도 할 수 없을 정도로 더 많이 불어나는 것이 사랑의 빚이다. 베풀면 베풀수록 우리가 베풀어야 할 곳은 줄어드는 것이 아니라 더 널리 확장된다. 이것이 주 안에서 벌어지는 나눔 역사의 기적이다.

성경은 "사랑의 빚 외에는 아무에게든지 아무 빚도 지지 말라" 롬 13:8고 증거한다. 우리는 엄청난 사랑의 빚을 졌다. 우리는 앞으로도 이 마음을 잃지 않을 것이다. 감사해야 할 것을 당연히 여기고 넘어가지 않을 것이다. 작은 것이든 큰 것이든 감사의 고백을 드릴 것이다. 그리고 빚진 자의 마음으로 꾸준히 빚을 갚기 위해 노력할 것이다. 무엇보다 우리가 빚을 갚았다고 자랑하거나

교만하지도 않을 것이다. 우리는 그저 빚을 갚아 가는 것일 뿐이다. 그리고 그 가운데서 더 부어지는 사랑의 빚에 감사하며 계속해서 갚아 갈 뿐이다.

38

선고
효율성

•••

한 번은 카네기가 성공한 후배의 사무실에 들렀는데, 그 사무실에는 그림 하나가 잘 보이는 곳에 걸려 있었다. 커다란 거룻배 그림이었다. 노는 모래 위에 놓여 있었고, 낡고 무거워 보이는 거룻배는 비스듬히 누워 있었다. 그림은 전반적으로 절망스럽고 처절한 인상을 풍기고 있었다. 그런데 그 그림 밑에 쓰인 글귀가 인상적이었다.

"반드시 밀물 때가 온다."

카네기는 왜 이런 곳에 이 그림을 걸어 놓았는지 후배에게 물었다. 그러자 후배는 이렇게 대답했다.

"제가 세일즈맨이었던 시절, 말할 수 없을 만큼 가난하고 쫓기듯 살던 때가 있었습니다. 세상이 모두 나를 방해하는 것만 같았고, 무엇 하나 제대로 할 수 없을 것만 같은 절망감에 시달렸습니다. 그러던 어느 날, 평소 존경하던 선생님 댁을 찾아갔다가 이 그림과 글을 보았습니다. 스물여덟 살이던 당시, 저는 '나를 위해서도 반드시 언젠가는 밀물 때가 올 것이다' 라는 생각을 했습니다. 이 그림은 저의 절망적인 생각을 소망으로 바꾸어 지금의 저를 만드는 데 큰 격려가 되었습니다."

이 이야기는 주 안에 있는 모든 자에게도 해당된다. 주 안에 있는 자들에게는 반드시 밀물 때가 온다. 당장은 그림에서처럼 절망적이고 처절한 상황에 빠져 있을지라도 반드시 그날이 온다. 그러므로 주 안에 있는 자들이 할 일은 그때를 꿈꾸고 준비해 나가는 것이다.

우리 교회도 그런 시절을 보냈다. 인간적인 시각으로 보기에는 분명히 절망이 가득한 암흑 같은 시기를 지나왔다. 그때는 정말 우리 힘으로 아무것도 할 수 없을 것만 같았다. 그러나 하나님은 분명히 밀물의 때가 오게 하셨다. 그런데 밀물의 때는 우리 교회에만 오는 것이 아니다. 하나님께서는 모든 교회의 그때를 계획하고 계시다. 더욱 놀라운 사실은 하나님께서 직접 그 일을 행하시기도 하지만, 하나님의 일꾼들을 통해서 그 역사를 이루시기도 하신다는 것이다.

감사하게도 하나님은 우리 교회가 하나님의 일꾼으로서 그 역사에 동참하게 하셨다. 우리 교회가 밀물의 역사를 경험하게 하심과 동시에 다른 교회가 밀물의 역사를 경험하는 데 필요한 중간 다리 역할을 하게 하신 것이다. 그런데 하나님은 우리가 그 일을 감당하기 전에 깨닫게 하신 것이 한 가지 있다. 바로 국내 선교에 대한 열정이다.

교회는 반드시 선교에 중요한 뜻을 두어야 한다. 복음 전파를 통해 영혼을 살리는 일에 관심이 없다면 그 교회는 진정한 교회라고 할 수 없다. 그래서 교회는 다양한 선교에 관심을 갖고 실천해야 한다.

한국 교회가 부흥하기 시작하면서 교회의 시선이 국외 선교로 눈길을 돌리기 시작했다. 언제부터인가 여러 교회에서 국외 선교에 헌신하면서 동남아 지역은 물론, 일본, 중국, 아프리카, 북유럽, 심지어 우리보다 믿음의 선배라고 할 수 있는 미국과 복음의 출발점인 이스라엘에도 교회를 세웠다. 그뿐만 아니라 세계 각지에 수많은 선교사를 파송했다. 이것은 매우 도전이 되고 본이 되는 모습이다.

그러나 국외에 교회를 세우고 선교사를 파송하면서 정작 한국교회는 비어 있는 모습을 자주 본다. 이는 선교 효율성 차원에서 볼 때 문제가 있다. 물론 하나님의 일에 인간적인 시각으로 효율성을 따지는 것은 옳지 않다. 돈이 아까워서 헌신을 하지 않는다거나, 결과를 미리 판단하여 시도조차 안 하는 것은 합당한 모습이 아니다. 나는 이러한 선교 효율성을 말하는 것이 아니다.

어떠한 방식의 선교를 해야 하는지 연구하거나 고민하지 않은 채 남들이 하는 일을 무작정 따라 하는 것에는 문제가 있다. 즉, 이런 사역은 끊임없는 기도와 연구를 통해 하나님이 우리 교회에 지금 원하시는 것이 무엇인지를 제대로 알고 실행해야 한다. 그것이 선교 효율성이다.

국외 선교도 중요하지만, 지나치게 국외 선교에만 열정을 쏟아서는 안 된다. 한국 교회는 보살피지도 않으면서 국외 선교에만 치중하는 것은 앞뒤가 맞지 않는 일이다.

하나님께서 지금, 누구를 위해, 무엇을, 어떻게 하기 원하시는지 바로 알고 그것을 우선적으로 실천해야 영적으로 가장 큰 효율을 올릴 수 있다.

우리 교회는 하나님께서 원하시는 바를 깨닫고 선교 방향을 바꾸었다. 국외 선교에도 헌신하되 그보다 한국 교회들을 돌보는 데에 먼저 힘을 쓰는 것이다. 그리고 그것을 일시적으로 행하는 것이 아니라, 꾸준히 이어 나갔다.

우리 교회는 앞으로도 하나님께서 한국 교회를 향해 우리가 무엇을 헌신하기 원하시는지 알아갈 것이다. 하나님의 그 마음을 알기 위해 끊임없이 기도할 것이다. 그리고 하나님의 인도하심 가운데 한국의 모든 교회에 밀물의 때가 다가오기를 기대할 것이다. 우리 교회에 은혜의 단비와 더불어 임했던 그 밀물의 때를 모든 교회가 경험하기를 간구한다.

교회는 반드시 선교에 중요한 뜻을 두어야 한다. 복음 전파를 통해 영혼을 살리는 일에 관심이 없다면 그 교회는 진정한 교회라고 할 수 없다. 그래서 교회는 다양한 선교에 관심을 갖고 실천해야 한다.

물론 밀물의 때가 단지 교회의 규모가 커지고, 성도 수가 늘어나고, 재정적인 여유가 생기는 것만 의미하는 것은 아니다. 하나님 보시기에 영적인 부흥의 때가 도래하는 것, 그것이 밀물의 때가 임하는 것이다. 우리는 그날이 올 때까지 모든 성도가 한마음이 되어 헌신할 것이다. 그리고 우리에게 부어졌던 그 은혜를 늘 기억하며 감사할 것이다.

39

농어촌 교회를 향한 비전

• • •

영국의 신경제재단에서 국가별 행복지수를 발표한 적이 있다. 우리나라는 중간 정도에 위치했는데, 당시 1위는 바투아누, 2위는 콜롬비아, 3위는 코스타리카였다. 상위권에 오른 나라들이 남미의 가난한 국가들이었다. 이뿐만이 아니다. 놀랍게도 아시아에서는 방글라데시와 같은 소위 후진국들이 상위권을 차지했다. 이 발표는 국가의 경제 발전 수준과 행복지수가 결코 비례관계에 있지 않음을 보여 준다.

우리는 어떠한가? 지금 행복한가? 만일 행복하다면 그 행복의 기준은 무엇인가? 재물인가? 명예인가? 권력인가? 아니면 영향력인가? 우리는 자신도 모르게 이런 것에 행복의 기준을 둔다.

그러나 분명한 사실은 이런 것은 상대적일 뿐이라는 것이다.

상대적인 것은 영원한 행복일 수 없다. 우리는 하나님께서 이미 손에 쥐어 주신 지금의 작고 소박한 것들을 돌아보며 감사해야 한다. 그 작은 감사에서 행복이 시작된다. 사랑하는 가족이 있다는 것, 비록 힘들지만 일터가 있다는 것, 건강한 몸이 있다는 것, 오늘 하루도 편하게 숨 쉴 수 있다는 것에 무한 감사를 드릴 수 있다.

자연스럽고 당연한 일에도 감사할 이유가 많다는 것을 일깨워 주는 또 다른 이야기가 있다.

서로 멀리 떨어진 곳에 살던 두 친구가 만나기로 했다. 그런데 그 곳에 가려면 말을 타고도 며칠이나 걸렸고, 험한 지역도 지나야 했다. 드디어 두 친구가 약속 장소에서 만났다.

"여보게, 내가 오다가 겪은 일 좀 들어 보게! 내 말이 길을 오다가 갑자기 뭔가에 놀라 뛰는 바람에 내가 땅으로 굴러 떨어졌지 뭔가. 다행히 다친 곳이 없었기에 망정이지 다리라도 부러졌으면 큰일 날 뻔 했어! 나는 즉시 무릎을 꿇고 하나님께서 지켜 주신 것을 감사 드렸다네."

그러자 이야기를 듣던 친구가 이렇게 말했다.

"여보게, 나는 자네보다 훨씬 놀랍고 기적적인 하나님의 도우심을 체험했네. 내가 탄 말은 아무 사고 없이 나를 이곳까지 태우고 왔어. 이 어찌 감사한 일이 아닌가? 그런데 나는 여태 그것을 모르고 있었네!"

말에서 떨어졌으나 다치지 않은 사람과, 아예 말에서 떨어지지 않은 사람 중에서 누가 더 감사해야 할까?

어려움을 겪지 않은 사람은 그것을 당연하게 여기는 경향이 있다. 대부분의 사람은 어려움을 겪으면서 비로소 소중한 것을 깨닫고 하나님의 손길에 감사의 고백을 한다. 당연하게 느껴지는 것, 혹은 사소하고 작게 느껴지는 것에 감사할 수 있는 것도 하나님의 은혜요, 하나님의 귀한 인도하심이라는 것을 잘 모른다.

나는 하나님의 은혜 가운데 평소에는 몰랐던 감사를 느낀 적이 있다. 그리고 그 감사 속에서 중요한 사명을 발견했다. 바로 명절 때다. 처음 내가 상암동교회로 부임해 왔던 시절에는 성도 대부분의 고향이 서울인 덕에 명절에도 예배 참석률이 높았다. 그런데 하나님께서 교회를 조금씩 부흥시켜 주실수록 명절이 되면 성도들의 출석률이 떨어졌다. 이유를 생각해 보니, 명절에 고향으로 내려가는 성도들이 많아진 탓이었다.

그때 나는 서울 목회자들이 목회를 잘해서 교회가 성장하는 것이 아니라는 것을 깨달았다. 다시 말해 성령께서 도시 교회의 목회자나 나만 사랑하셔서 교회를 부흥시켜 주신 것이 아니라는 것이다. 그 이면에는 신앙의 대를 이어 준 농어촌 교회가 있었다. 엄밀히 말해서 도시 교회 성도의 3분의 1일은 이전에 농촌 교회 성도였다고 할 수 있다. 거기서 예수님을 믿었고 신앙훈련을 받았다. 그들이 도시 교회를 세운 것이나 마찬가지이다.

또한 우리 교회의 통계를 보면 수평 이동 성도들이 꽤 된다. 나는 그 점에 죄책감을 가지고 산다. 농촌 교회와 어려운 개척 교회에서 그리스도인을 만들었는데 우리 교회로 옮겨 왔다는 것에 대한 죄책감 말이다.

하나님께서 이전에는 몰랐던 감사와 더불어 빚진 마음과 중요한 사명을 깨닫게 해주셨다. 바로 농어촌 교회에 대한 비전이다.

앞서 우리 교회가 한국 교회 선교의 비전을 품게 하신 것에 대해 언급했다. 그런데 그중에서도 우리 교회가 더 집중적으로 헌신하는 부분이 있다. 바로 농어촌 교회 사역이다.

놀랍게도 이 일은 우리의 생각으로 이루어진 것이 아니다. 명절 때 나를 깨닫게 하신 감사를 통해 이루어진 것이다. 그렇게 우리는 하나님의 깨닫게 하심 속에서 농어촌 교회를 선정하여 교회 건축 및 증축, 개축, 보수 사역을 돕게 되었다. 그리고 임대 보증금 지원과 직·간접적인 개척 지원을 통해 실질적인 도움을 받을 수 있게 했다자세한 사역은 다음에 다시 언급하겠다.

우리는 이제 감사해야 할 더 많은 것을 찾아 나설 것이다. 그리고 우리가 해야 하는데도 아직 못하고 있는 일들을 발견할 것이다. 그리고 더 정확히, 더 분명히 그 일들을 발견할 수 있도록 교회가 한마음이 되어 기도할 것이다.

40

무너진 성전을 보수하라

• • •

제주도에 가면 신비의 도로가 있다. 언덕 중간 지점에 차를 세우고 기어를 중립에 놓은 채 브레이크 페달에서 발을 떼는 순간, 눈앞에 놀라운 일이 일어난다. 자동차가 언덕 아래로 굴러가는 것이 아니라 언덕 위로 올라가는 것이다.

나도 직접 경험해 본 적이 있는데 기이한 일이 아닐 수 없었다. 신기해서 자동차에서 내려 바닥에 물을 부어 보기도 했다. 그때도 물은 언덕 위로 올라갔다. 그래서 사람들은 그 길을 '신비의 도로' 또는 '도깨비 도로'라고 부른다. 놀랍게도 그 언덕 주변을 측량해 보면, 눈으로 보기에 높은 곳이 실제로 낮은 지대이고, 낮아 보이는 곳은 높은 곳이라고 한다.

이렇듯 우리 눈에 보이는 모든 것이 진리는 아니다. 우리 인생

우리 교회는 농어촌 교회에 빚진 자의 마음을 갖고 그 교회들을 향한 구체적인 사역을 계획했다. 그중 하나가 바로 농어촌 교회를 보수하는 것이다. 말로만 형제 교회가 아니라 실제로 형제로서 영적인 사랑을 나누고자 하는 마음의 실천이다.

도 마찬가지가 아닐까? 눈에 좋아 보이는 길, 성공으로 인도할 것 같은 넓은 길이 있다. 하지만 그 길이 진정한 성공의 길인지 알기 위해서는 우리 눈이 아닌, 진리의 말씀인 성경에 비추어 보아야 한다. 눈으로 보기에는 내리막길처럼 보이지만 진리의 말씀이 성공이라고 말하는 길이 진정 성공으로 인도하는 길이다. 또한 이 길이 바로 우리가 가야 할 길이다.

그런 차원에서 우리가 시작한 것이 바로 교회 보수 사업이다.

경제적인 비용이 크게 드는 사역이기 때문에 어떻게 보면 교회가 내리막길로 가는 것처럼 보일 수 있다. 그러나 실제로 이것은 나도 살고 너도 사는, 곧 우리 교회도 살고 다른 교회도 사는 오르막길이다.

앞서 말했듯이 우리는 농어촌 교회에 빚진 자의 마음을 갖고 그 교회들을 향한 구체적인 사역을 계획했다. 그중 하나가 바로 농어촌 교회를 보수하는 것이다. 농어촌 지역의 형제 교회 중 건물이 낡고 오래 되어서 손을 쓸 수 없는 교회들을 골라 성전을 새롭게 단장해 주었다. 태풍 등 자연재해를 입은 성전의 건축 및 개축도 지원했다.

처음 도움을 줄 교회를 선정할 때는 우선 우리 교회가 속해 있는 나사렛교단인지 보았다. 그런데도 특정 교회를 선택하는 일은 쉽지 않았다. 기준을 내세우기도 참 어려웠다. 우리 교회는 이에 대한 특별한 선정 기준을 없앴다. 우리는 우리에게 요청이 들어오는 대로 지원한다. 지금 우리에게 손 내미는 사람이 가장 도움이 절실한 사람이다.

2005년부터 이 사역을 시작한 이래로 주문진교회를 비롯하여 목포 광명교회, 선교중앙교회, 대전 목동교회, 대구성암교회, 당진 성암교회, 열린문교회, 예산 대성교회, 신흥교회, 천보교회, 이천 수정교회, 정읍 참좋은교회 등의 성전 수축을 지원했다.

특히 이 사역은 재정 지원에 그치지 않는다는 데 의미가 있다.

교회 보수 운동은 교회의 복구를 위해 자재비와 노동력을 동시에 지원한다는 점에서 특별하다. 주로 매년 여름방학을 이용하여 벌이는 성전 수축 사업에는 성도들이 직접 자원봉사자로 헌신한다. 무더운 날, 몸은 힘들지만 농어촌 교회의 부흥과 회생에 참여했다는 자긍심을 갖는다. 그리고 전반적인 보수 사업이 아니더라도 부분적인 어려움은 어떻게든 도우려고 노력한다.

이렇게 우리는 농어촌의 형제 교회들과 함께 상생의 선교를 한다. 말로만 형제 교회가 아니라, 실제로 형제로서 영적인 사랑을 나누는 것이다. 이제 한 영혼의 구원을 위해 눈물로 기도하는 농어촌 지역의 목회자들에게 더 큰 희망을 심어 주고 싶다.

이것은 교회가 함께 오르막길을 오르는 방법이다. 비록 인간적으로 보기에는 손해 같아서 내리막길로 가는 것이 아니냐고 물을 수도 있다. 차라리 그 돈으로 우리 교회의 내부 사역과 사업에 치중할 수도 있지 않냐고 반문할 수도 있다. 그러나 하나님의 시각으로 보면 분명 오르막길이다. 우리 교회는 앞으로도 그런 사역에 귀하게 쓰임 받길 간구할 뿐이다.

41

임대 교회 시절을 기억하며

•••

오프라 윈프리Oprah Winfrey는 미국에서 가장 영향력 있는 여성 토크쇼 진행자이다. 그녀의 토크쇼는 132개 국에 위성중계 되고 있으며, 약 1,500만 명의 시청자로부터 사랑을 받고 있다.

사실 오프라 윈프리의 어린시절은 그리 녹록하지 않았다. 1954년에 미혼모에게서 태어나 외할머니와 어머니, 아버지의 손을 전전하며 상처 받고 자랐다. 그러나 그녀는 성경말씀을 보면서 아픔과 슬픔을 달래고 치유 받았다고 한다. 오프라 윈프리가 남긴 말이 있다.

"남보다 더 많이 가진 것은 축복이 아니라 사명입니다."

즉 그것이 재물이든, 건강이든, 지혜이든 상관없이 무엇인가를 많이 가졌다면 그것은 사명이니, 하나님과 다른 사람들을 위하여 사용하라는 것이다. 그녀는 이런 말도 함께 남겼다.

"남보다 아픈 상처가 있는 것은 고통이 아니라 사명입니다."

오프라 윈프리 쇼에 한 여인이 출연했다. 그 여인은 윤간 당한 고통을 잊으려고 마약을 투약한다고 이야기했다. 그런데 오프라 윈프리가 충격적인 이야기를 했다. 자신도 어린 시절 강간을 당한 적이 있다고 솔직하게 고백한 것이다. 그 고백은 상처 입은 게스트에게 공감을 샀고 윈프리처럼 재기할 것을 다짐하게 했다.

누군가의 아픔에 공감한다는 것은 쉬운 일이 아니다. 말 그대로 삶의 공통분모가 있어야 진정으로 상대방의 마음을 헤아릴 수 있다. 사역자들 역시 사역을 하면서 많은 어려움을 겪는다. 어려움에 대한 종류도 가지각색인데, 사역자들을 만나다 보면 같은 연단을 거친 사람을 볼 때가 있다. 그럴 때면 누구보다 깊은 공감대를 형성하고 그 가운데서 우리를 이끄신 하나님의 역사를 다시금 강하게 느낀다. 꼭 사역자들끼리만이 아니다. 교회 안에서 함께 공동체를 이루었던 성도들도 목회자와 더불어 같은 연단과 시련을 경험하게 된다. 성도들 역시 비슷한 환경에 처한 교우를 만날 때면 같은 마음을 갖게 될 것이다.

우리 교회는 한때 임대 교회였다. 그래서 임대 교회의 어려움을 누구보다도 잘 안다. 물질적으로도 어려움이 많을 뿐더러 세입자로서 이리저리 신경 쓸 것도 많다. 지금은 하나님의 은혜 가운데 교회를 건축하고 쾌적한 환경에서 예배드리고 사역할 수 있게 되었지만, 과거의 어려움을 잊지는 못한다.

지금도 과거의 우리 교회처럼 임대 교회를 이끌고 있는 목회자들, 그리고 그 안에서 함께 신앙생활을 하는 성도들이 많다. 우리는 그들의 심정을 누구보다도 잘 알기에 그들에게 희망을 주고 싶다. 게다가 하나님은 직접 그들의 마음을 만지시고 그들의 환경을 바꾸어 주시기도 하지만, 다른 누군가를 통해 그 일을 이루기도 하신다. 우리는 바로 그 도구가 되고 싶었던 것이다. 우리가 하나님께 받은 그 은혜를 그들에게 동일하게 전할 수 있는 기회가 아닌가.

나는 임대 교회 시절에 하나님의 전적인 은혜를 많이 체험했다. 사실 나는 전적으로 목회에 헌신하기 위해 준비된 사람은 아니었다. 사역자로서 헌신한 것은 맞지만 교수 사역에 헌신하려는 마음이 더 컸다. 그러다 보니 목회를 하기에는 부족함이 많았다. 학교에서 가르치는 것과 교회에서 사역하는 것에는 적지 않은 차이가 있었다. 준비해야 할 것도 많았다.

게다가 임대 교회라는 환경적 어려움도 더해져 부담감은 가중되었다. 그러나 하나님께서 그런 나에게 은혜를 부어 주셨고, 교회 사역을 능히 감당할 수 있도록 전적으로 이끌어 주셨다. 환경적인 면뿐만 아니라 매 순간 하나님의 지혜를 나에게 허락하셨다. 마침내 상암동교회는 임대 교회 시절을 거쳐 이제는 다른 교

임대 교회 시절의 어려움을 누구보다 잘 알기 때문에 우리 교회와 나에게 있었던 그동안의 이야기가 절망과 어려움이 있는 교회에 희망의 끈이 되길 바란다.

회를 돕는 교회로 성장할 수 있었다.

나의 이 고백이 현실적으로 어려움에 처해 있는 교회의 목회자들, 더 나아가 어떠한 이유에서건 절망 가운데 있는 모든 사람들에게 부디 희망의 끈이 되길 바란다. "나 같은 사람도 할 수 있으니 당신도 할 수 있다"는 것을 알리고 싶다. "하나님이 도우시면 능히 다 해낼 수 있다"고 전하고 싶다.

어려움 가운데 목회를 하는 목회자뿐만 아니라 여러 어려움에 노출된 사람들과 공감하고 싶다. 그것이 동역함에 있어서 얼마나 큰 보물인지를 잘 알기 때문이다.

42

교회를 세우는 교회

• • •

바울은 "나는 비천에 처할 줄도 알고 풍부에 처할 줄도 알아 모든 일 곧 배부름과 배고픔과 풍부와 궁핍에도 처할 줄 아는 일체의 비결을 배웠노라"빌 4:12고 했다. 이것은 바로 자족하는 마음이다. 자족하는 마음은 마치 온도조절기와 같다.

그러나 오늘을 살아가는 대부분의 사람은 온도조절기가 아니라, 온도계와 같은 삶을 살고 있다. 온도계는 환경에 따라 움직인다. 날씨가 더우면 자동적으로 온도계 수은주가 올라간다. 반면에 날씨가 추우면 온도계 수은주가 내려간다. 온도계는 외부 환경에 따라 움직일 뿐, 온도를 바꾸지 못한다.

그러나 온도조절기는 다르다. 바깥 날씨가 추우면 온도를 올려 실내가 춥지 않도록 조절한다. 바깥 날씨가 더우면 반대로 온도를 내려 실내가 덥지 않도록 조절한다. 그러므로 자족하는 마음은 환경에 따라 움직이는 마음의 상태가 아니라, 오히려 환경을 극복하는 온도조절기 같은 마음의 상태를 말한다.

하나님은 우리에게 온도조절기로서의 능력을 허락하셨다. 우리는 환경에 휘둘리는 존재가 아니다. 성령님이 함께하시는 사람들과 성령님이 함께하시는 교회는 환경에 지지 않는다. 조건에 지지 않는다. 환경이나 조건을 오히려 바꾼다. 우리의 문제만 제어할 수 있는 것이 아니다. 다른 사람의 어려움을 헤아리고 그들이 환경을 극복할 수 있도록 돕는 온도조절기의 역할을 감당할 수 있다.

우리 교회는 가난한 교회를 위해 보수 사업을 하고 임대 교회를 지원하는 등의 사역을 감당해 왔다. 그런데 이보다 더 큰 도움이 필요한 경우가 있다. 그럴 때는 더 크게 헌신해야 한다. 즉 부분적으로 돕는 것이 아니라, 전반적인 도움의 손길로 다가가는 일이다.

그렇게 시작된 것이 다른 교회의 개척을 돕는 것이다. 물론 이것은 우리 교회가 처음 약속한 것이기도 했다. 우리 교회는 2004년 총회에 내한한 국제 본부 중앙 감독과 세 곳에 교회를 개척하겠다고 약속했다. 더불어 정회원 성도 1,500명의 성장을 약속했다. 감사하게도 현재 매 주일 1,300여 명의 성도들이 공예배에 출석하고 있다. 우리 교회에서 성도는 공예배에 참석해야 한다.

만일 공예배에 6개월 이상 참석하지 않으면 자동으로 성도로서의 책무를 박탈당한다. 그렇기 때문에 1,300명은 공예배에 참석하는 성도 수를 말한다.

물론 약속 때문에 억지로 교회 개척에 헌신하려고 한 것은 아니었다. 중앙 감독에 의한 타의적인 것도 아니었다. 그렇게 약속할 수 있는 것부터가 하나님의 은혜였다. 그러니 하나님께서 주신 헌신의 마음과 사명감, 그리고 공식적인 약속이 다 연합하여 개척을 해나갈 수 있었다.

약속 이행으로 개척한 교회들이 있다. 하나님은 대구성암교회를 비롯하여 예산 대성교회, 당진 명산교회를 건축하고 리모델링할 수 있게 하셨다. 그래서 우리는 하나님 앞에 하나님의 성전을 봉헌했다.

예산 대성교회의 경우는 낡고 오래된 성전을 허물고, 그곳에 새 성전을 건축해 주었다. 당진 명산교회의 경우는 서해안을 휩쓸고 지나간 태풍 곤파스 때문에 붕괴된 성전을 수리해 주고, 보수해서 성전을 아름답게 만들어 주었다. 원래 명산교회는 교회 앞마당 공사와 화장실, 목양실만 건축할 계획이었으나 예상보다 더 많이 변화되었다.

이런 사역을 하면서 도움을 받은 교회들의 반응에 감동을 받았다. 대구성암교회는 임상광 목사의 개척 의지에 따라 세워진 교회로, 우리는 교회 건축을 지원했다. 우리 교회의 지원으로 단

우리 교회는 하나님께 받은 큰 은혜를 나누기 위해 교회 건축과 보수 등 임대 교회 지원 사역을 감당하고 있다. 그동안 우리 교회가 건축 과정을 도왔던 교회 중 일부이다.

독 교회 건물을 세운 것이다. 그때 임 목사님이 하신 말씀이 아직도 생생하다.

"마치 꿈을 꾸는 것 같습니다. 자다가 벌떡 일어나 볼을 꼬집으면서 과연 이것이 실제인지 꿈인지 확인할 때가 한두 번이 아닙니다. 교회의 건축비를 전액 지원해 준 상암동교회에 감사를 드립니다. 저희 역시 열심히 하나님 나라의 선교를 위해서 일하겠습니다. 교회의 이름도 상암동교회 이전의 이름을 따서 대구성암교회라고 붙였습니다."

사실 감사하다는 말을 듣는 것 자체가 부끄럽다. 우리는 사랑의 빚을 갚았을 뿐이니 말이다. 하지만 그 가운데서도 감동을 받은 것은 사실이다.

특히 이 개척 사역들은 국제나사렛교단 창립 100주년, 한국나사렛교단 창립 60주년과 맞물려 진행되어서 더욱 뜻깊었다. 앞으로 우리 교회의 개척 사역이 세 군데로 끝나지 않길 바란다. 하나님께서 더 다양한 길을 열어 주시길 기도한다. 상암동교회가 그런 영광스런 사역에 쓰임 받는 교회, 사랑의 빚을 끊임없이 갚는 교회가 되길 오늘도 간구한다.

43 결코 아깝지 않은, 아까워해서도 안 될 재정

• • •

하나님은 "너는 나 외에는 다른 신들을 네게 두지 말라" 출 20:3고 말씀하셨다. 인도, 일본, 아프리카 등에 수십 수백만의 신이 존재한다. 이렇게 만들어 낸 모든 신을 성경은 우상이라고 말씀한다. 그런데도 하나님을 제대로 알지 못하는 사람들은 불안한 삶을 달래기 위해 끊임없이 신을 만들어 내고 있다.

그렇다면 그리스도인에게는 과연 우상이 존재하지 않을까? 우리 믿음의 대상이신 여호와 하나님 외에는 아무것도 섬기지 않는다고 말할 수 있을까? 그렇지 않다. 많은 사람의 대표적인 우상이 재물이다. 사람들은 처음에는 필요의 차원에서 물질을 추구하지만 어느 정도 물질이 모이면, 그 물질이 우리의 행복과 안전을 지켜 준다고 믿는다. 어느 사이 우리 삶에 물질이 가장 우선시 되며 하나님보다 더 중요한 존재가 된다.

예수님께서 "너희가 하나님과 재물을 겸하여 섬기지 못하느니라"마 6:24고 말씀하셨다. 돈을 바르게 쓸 줄 아는 사람이 지혜로운 사람이다. 돈을 모을 줄 밖에 모르는 사람은 돈지기이다. 돈을 사랑하는 사람은 돈의 하인이며, 돈을 숭배하는 사람은 돈의 노예이다. 돈은 노력의 결과로 주어지지만, 돈 자체가 결코 삶의 목적이 될 수는 없다. 돈은 삶의 수단이다.

무엇보다 우리는 물질의 주인이 누구인지 알아야 한다. 물질의 주인은 하나님이시다. 그러나 우리는 그렇게 고백하면서 정작 삶에서는 그 사실을 올바로 인식하지 못한다. 돈이 사람에게서 난다고 생각한다. 그래서 하나님보다 사람을 더 무서워할 때도 있다. 가령, 월급을 주는 직장 상사를 하나님보다 더 두려워하는 것이다. 직장 상사에게 잘 보이기 위해 예배에 빠지는 것을 아무렇지도 않게 생각한다. 돈을 벌려면 어쩔 수 없다고 말한다. 그러나 물질의 주인은 하나님이시다. 직장 상사가 월급을 주는 것 같지만 결국 그 모든 것을 이끄시는 분은 하나님이시다.

교회를 운영하면서도 부딪치는 문제가 바로 이것이다. 교회를 운영하고 그 가운데서 다방면에 봉사를 하려면 재정이 만만치 않게 든다. 지역사회를 향한 봉사에 쓰이는 재정도 만만치 않지만 빚진 자의 마음으로 시작한 타 교회 지원 사역에도 많은 재정이 투입된다.

지난 2006년부터 40개 교회를 선정, 매달 1억 원 가량을 지원했다. 체계적인 지원을 위해 '한국교회살리기운동본부'와 관계를 맺기도 했다. 그러면 더 투명하고 체계적으로 농어촌 교회를 후원할 수 있기 때문이다. 그렇게 교회의 전체 결산 중 60퍼센트 이상을 농어촌 형제 교회의 건축비로 지출했다. 어떤 때는 교회 예산의 62.8퍼센트가 그렇게 사용되기도 했다. 물론 교회 증축 때문에 26퍼센트 밖에 지원하지 못한 적도 있다. 그러나 교회 증축 기간에 26퍼센트를 지출한 것도 쉬운 일이 아니었다.

우리는 이렇게 해야 도시 교회와 농어촌 교회가 상생할 수 있다는 생각을 놓지 않았다. 그리고 이것이 주춤하고 있는 한국 교회성장에 다시 희망을 가져다줄 수 있는 길이라고 생각한다.

앞서 계속 말했듯, 도시 교회가 성장하는 것은 목회자가 훌륭해서가 아니다. 나날이 부흥하고 성장하는 도시 교회 목회자들은 여유 있는 목회만 추구해서는 안 된다. 빚진 자의 마음으로 받은 것을 농어촌 교회에 환원해야 한다. 재정이 많이 지출된다고 아까워할 필요가 없다. 그저 받은 것을 돌려주는 것일 뿐이다. 농어촌 교회의 희생 속에서 크게 성장한 도시 교회는 교회 예산의 일정 부분을 농어촌 교회로 다시 돌려보내야 한다는 것을 잊어서는 안 된다.

우리는 앞으로도 교회 재정의 많은 부분을 농어촌 교회를 향해 지출할 것이다. 있다가도 없고, 없다가도 있는 것이 돈이다.

아무리 열심히 벌고 모아도 하나님께서 거두시면 그만이다. 돈에 매여 살지 않아도 하나님께서 풍성하게 채워 주실 수 있다.

사역을 하면서 우리가 결코 놓지 말아야 할 것이 바로 재정에 대한 하나님의 주권이다. 이것이 흔들리면 사역에 갈등과 차질이 생기고 시험에 빠지게 된다. 물론 하나님께서 물질의 주인이심을 고백하면서도 흔들릴 때가 있다. 막상 우리 교회를 위해 더 많이 쓰고 싶을 때가 생기고 그 가운데서 갈등할 수 있을 것이다. 그러나 그런 때에 다시 하나님을 신뢰하고 하나님께서 모든 것의 주인이심을 진정으로 고백할 수 있기를 바란다.

무엇보다 우리의 이 사역이 마땅히 돌려주어야 할 것을 돌려주는 것임을 기억하자. 이 사역으로 우쭐하거나 당당해지지 말고, 여전히 부끄러운 빚진 자의 자세로 나아가자.

44

성도들과 하나 되어

• • •

상처는 상급을 기약한다. 만신창이가 되어도 사는 길은 있다. 넘어진 곳이 일어서는 곳이다. 가장 절망적인 때가 가장 희망적인 때이고, 어두움에 질식할 것 같을 때가 샛별이 나타날 때이다. 희망이 늦을 수는 있지만 없을 수는 없다.

우리가 활발하게 한국 교회를 지원하면서 어려움을 겪지 않은 것은 아니다. 희망이 보이지 않던 때도 있었다. 재정적인 부분이나 눈에 보이는 가시적인 문제도 문제였지만, 가장 어려운 것은 성도들 간의 협력이었다. 우리 교회가 아닌, 다른 교회를 적극적으로 돕는 일에 성도들이 무조건적으로 찬성하기란 쉽지 않았다. 성도라면 자연스럽게 봉사하는 것이 훌륭하고 마땅한 일이라고 생각하지만, 그 비중이 커질수록 부담스러워할 수 있다.

물론 대부분의 성도들이 우리 교회만의 이 특별한 선교 활동에 동의를 해주었다. 너무나 감사한 일이 아닐 수 없다. 그러나 간혹 볼멘소리도 들려왔다. 너무 비중이 큰 것이 아니냐는 목소리도 있었다. 그리고 도우려면 '티나게' 돕자는 목소리도 있었다.

어떻게 보면 그것이 국내 선교 사역이 맞닥뜨리는 중요한 위기일 수도 있다. 교회를 중심으로 나아가는 사역이기에 내 의견만 옳다고 주장하고 나만 움직일 수는 없었다. 함께 연합하고 단결하여 사역을 진행해야 하는데 우려의 목소리가 있으니 당연히 어려움이 있었다. 그러나 하나님은 그 위기를 극복할 수 있게 하셨다.

하나님은 무엇보다 말씀을 통해 위기를 극복하게 하셨다. 바로 성경적인 목회를 밀고 나가는 것이었다. 아무리 인간적인 생각이 들더라도 성도라면 하나님의 말씀 앞에 무릎을 꿇는다. 그래서 분명하게 성경적으로 나아가면 마침내 동의하고 기쁨으로 참여하게 되어 있다.

나는 성경으로 확실히 가르치고 또 가르쳤다. 성경은 소외된 사람들을 위해서 과부와 고아와 가난한 자들을 다 구제하라고 분명히 전한다. 물질로 내 주머니와, 내 배를 채우라고 가르치지 않는다.

성경은 물질로 내 주머니를 채우기보다 과부와 고아와 가난한 자들을 구제하라고 전한다. 우리 교회는 그러한 교회가 되기 위해 한국 교회를 돕고 꿈과 희망을 전한다.

"땅에는 언제든지 가난한 자가 그치지 아니하겠으므로 내가 네게 명령하여 이르노니 너는 반드시 네 땅 안에 네 형제 중 곤란한 자와 궁핍한 자에게 네 손을 펼지니라" 신명기 15:11

"주라 그리하면 너희에게 줄 것이니 곧 후히 되어 누르고 흔들어 넘치도록 하여 너희에게 안겨 주리라 너희가 헤아리는 그 헤아림으로 너희도 헤아림을 도로 받을 것이니라" 누가복음 6:38

그렇게 성경 말씀을 바탕으로 밀고 나가니 힘을 얻을 수 있었다. 어떤 반대나 저항도 말씀 앞에서는 무력화될 수밖에 없다. 이후로도 어떤 사안이나 문제가 있을 때 나는 인간적인 방법으로 설득하기보다는 성경 말씀을 구했다. 그것이 최고의 방법이었다. 성경적인 목회를 지향해 나간 것이다.

물론 그 과정에서도 지혜가 필요했다. 성경 말씀을 제시하면서 당신이 틀리고 나만 옳다는 식으로 밀고 나가는 것은 오히려 문제를 크게 만들 뿐이다. 성경적으로 나아가되, 공감할 수 있도록 해야 한다.

"주님이 원하시는 것이니 이렇게 해야 합니다", "무조건 순종하세요"라는 식은 바람직하지 않다. 성경 그 자체가 권위적이고 절대적인 것이지만 강압적인 방식으로 접근해서는 안 된다. 목회자는 성도에게 소명감을 주고 사명을 일깨워 주어야 한다.

비록 위기도 있었지만 잘 이겨내게 하신 하나님께 감사 드린다. 그리고 훌륭하게 동역해 준 성도들에게도 감사한다. '그런 시기가 있었기에 지금 더 잘 연합할 수 있지 않았나' 하는 생각이 든다. 그래서 더욱 감사하다.

꿈과 희망은 영혼의 날개이다. 내일의 희망이 있으면 오늘의 절망은 문제가 되지 않는다. 가장 비극적인 일은 꿈과 희망을 실현하지 못한 것이 아니라, 실현하고자 하는 꿈과 희망이 없는 것이다.

우리 교회에는 분명한 꿈과 희망이 있다. 그 과정에서 어떠한 문제가 생기든, 잡음이 일어나든 그것은 중요하지 않다. 하나님께서 그 꿈과 희망을 이끄시면 우리는 모든 장애를 딛고 승리할 수 있다.

45

모든 성도가 보내는 선교사가 될 때까지

• • •

그레그 모텐슨Greg Mortenson의 『세 잔의 차』라는 책이 있다. 저자는 간질병으로 죽은 누이를 생각하며 파키스탄의 K2 봉 등정 길에 올랐다. 등정 도중 그는 조난을 당해 위기에 처했으나 다행히 히말라야의 아주 작은 골짜기에 있는 마을 사람들의 도움으로 기적적으로 살아났다.

모텐슨이 은혜를 갚고 싶다고 하자 마을 사람들은 이렇게 말했다.

"우리는 다 행복하게 살고 있습니다. 다만 한 가지, 학교가 없어서 아이들에게 정상적인 교육을 시킬 수가 없습니다."

그 말을 들은 모텐슨은 미국에 돌아와 열심히 일했고 미국 전역에 있는 유명 인사들에게 후원을 요청했다. 물론 오지에 학교를 세우는 일은 쉽지 않았다. 이슬람 근본주의자들에게 납치를 당해서 죽을 뻔하기도 했고, 9 · 11 사태가 터진 후 모슬렘 아이를 도와준다는 이유로 살해 위협을 받기도 했다.

그럼에도 모금 운동을 지속한 결과, 길도 끊겨 밧줄을 타고 올라가야 하는 히말라야 오지의 동네에 모두 78개의 학교를 세웠다. 그의 노력으로 3만 명이 넘는 어린 아이들이 정상적인 교육을 받게 되었다. 잔잔한 감동을 넘어서 기적 같은 일이 아닐 수 없다. 이 기적은 하늘에서 뚝 떨어진 것이 아닌, 땀의 결과이다.

그레그 모텐슨의 이러한 경험담은 국외 선교에 열정을 불러일으키는 이야기이다. 우리 교회는 국외 선교에만 치중하지 않고 국내 선교에도 동일하게 헌신해야 한다는 철학을 가지고 있었다. 그렇다고 해서 국외 선교를 등한시하는 것은 절대 아니다. 실제로 우리 교회는 국외 선교 사역에도 힘쓰되 '보내는 선교'에 큰 비전을 두고 있다. 다국적 선교사를 지원해 그들이 선교하도록 돕는 것 역시 선교라고 생각하기 때문이다. 그래서 우리 교회는 성도들과 함께 국외 단기 선교를 나가는 사례는 거의 없지만, 대신 보내는 선교를 통해 동일하게 국외 선교 사역에도 온 힘을 다한다.

특히 대학을 중심으로 국외 선교를 진행하는 경우가 많다. 국제나사렛교단이 운영하는 필리핀 아시아태평양나사렛신학대학원에 교수 선교사를 파송했다. 또한 싱가포르에 위치한 국제나사렛교단 아시아태평양지구 본부에도 매년 일정 금액을 지원했다. 그뿐만 아니라, 여러 선교사와 네트워킹을 고려 중이다. 또한 다른 교회처럼 장기 선교사를 파견하기도 한다.

요한3서 1장 5절에서 8절에 보면 외지에 복음 전도를 다니는 사람들을 영접하고 대접한 성도들의 모습이 나온다. 더불어 그들을 칭찬하는 내용이 나온다. 그들은 비록 직접 외지로 나가 복음 전도에 힘쓰지는 않았지만, 그런 사람들이 방문하면 극진하게 대접하고 환영했다. 성경은 이런 사람들을 향해 "진리를 위하여 함께 일하는 자"라고 언급하고 있다.

> "그러므로 우리가 이같은 자들을 영접하는 것이 마땅하니 이는 우리로 진리를 위하여 함께 일하는 자가 되게 하려 함이라" 요한3서 1:8

보내는 선교 사역도 마찬가지라고 생각한다. 비록 직접 국외로 나가 선교 활동을 하는 것은 아니지만 그들을 적극 지원하고 도움으로써 선교 사역에 동참하는 것이다. 간혹 보내는 사역을 대수롭지 않게 생각하는 사람들이 있다. 그런 사람들은 작은 후원이나 중보기도는 별 도움이 안 된다고 생각하기도 한다. 그러나 '보내는 선교'의 입장에서 그것은 분명 잘못된 생각이다. 내가 보기에는 그것이 작아 보일지라도 그 힘이 모이면 엄청난 자원이 된다. 또한 내가 판단할 때는 별 거 아닌 것 같지만 선교지에 있는 사역자들에게는 큰 힘이 될 수 있다.

가령 하루 종일 물 한 모금도 마시지 못한 사람이 있다고 가정해 보자. 그 사람에게 물 한 컵은 엄청난 도움의 손길이다. 일반적으로 물 한 컵은 별 것 아닌 것 같고, 어디서나 얻을 수 있는 것처럼 생각되지만, 상황에 따라서는 가장 절실한 도움이 될 수도 있다. 마찬가지로 작은 물질이, 한 마디의 중보기도가 그들에게는 절실한 필요가 될 수 있고, 적재적소에서 놀랍게 쓰일 수 있다.

우리 교회는 직접 국외 선교를 하지는 않지만 누구나 선교지에 선교사를 보내어 역할을 감당할 수 있도록 가르친다. 그리고 작은 것이라도 국외 선교사들을 위해 헌신할 수 있게 한다. 그것이 하나님 안에서 얼마나 귀하고 아름다운 것인지를 분명히 알려 주면서 말이다. 앞으로도 우리 교회는 다양한 방법으로 국외 선교를 이끌어 나갈 것이다. 하나님이 허락하시는 대로 선교사도 파송하고, 할 수 있는 대로 보내는 선교사로서의 사명도 적극 감당할 것이다. 국외 선교에 집중적으로 헌신하고, 성도들이 단기 선교를 통해 직접 국외 선교를 감당하도록 이끄는 교회가 있다면, 우리 교회처럼 보내는 선교에 주력하는 교회도 있다. 그리고 아직 '나가는 선교'도 '보내는 선교'도 하지 못하는 교회도 있다. 모든 교회가 선교하는 교회로서의 역할을 감당할 수 있기를 기대한다. 어떤 형태로든 간에, 하나님께서 기뻐하시는 복음 전파 사역이 모든 교회의 우선 과제가 되기를 바란다.

46

네트워크로 선교 사역의 한계를 극복하라

• • •

아주 유능한 야구 해설가가 있었다. 그는 해박한 지식과 경험으로 프로야구 팀 감독을 맡았다. 그러나 그가 맡은 팀의 전적은 15승 40패 2무였다. 매우 초라한 성적이 아닐 수 없다. 그는 강제 휴가라는 명목으로 지휘권을 빼앗겼고 우여곡절 끝에 방송 해설가로 복귀했다. 그는 "두 번 다시 실전 현장으로 돌아가지 않겠다"는 말을 남겼다. 이론가로서 해설을 잘 하는 것과 운동장에서 게임을 이기게 하는 전술은 다르다.

좋은 해설가도 필요하고 훌륭한 감독도 필요하다. 게임에 아무런 영향을 주지는 않지만 뛰어난 해설과 적절한 이야기로 게임을 쉽고 재미있게 볼 수 있도록 돕는 해설자가 반드시 있어야 한다. 또한 게임을 해설하거나 쉽게 설명은 못하더라도, 지던 게

임도 이기게 하고 직접 발로 뛰는 영향력 있는 코치나 감독도 반드시 있어야 한다.

이처럼 야구라는 분야 안에서도 역할은 다양하다. 해설자와 감독, 코치뿐만이 아니다. 선수와 감독 간의 역할도 서로 다르다. 심지어 선수들 안에서도 포지션에 따라 역할이 다르다. 이것은 스포츠 세계뿐만 아니라 다른 분야에서도 마찬가지이다. 다양한 위치가 있고 그에 맞는 다양한 역할이 주어진다. 그리고 사람들은 그 위치에 알맞게 주어진 자신의 역할을 감당해야 한다. 각자가 자신의 자리에서 온 힘을 다할 때, 전체가 바람직하게 움직이기 때문이다.

교회 사역에서도 마찬가지이다. 특히 선교 사역에 있어서 그러하다. 한 사람이 다양한 역할을 다 해낼 수는 없다. 그러므로 내가 어떤 사역을 감당하기 어렵다고 해서 실망하거나 좌절할 필요는 없다. 반드시 그것을 해야 한다고 부담이나 욕심을 가져서도 안 된다. 그 사역을 감당할 또 다른 사람이 있음을 기억해야 한다. 그렇게 각자 맡겨진 사역에 온 힘을 다해 헌신하고, 그 안에서 서로 도와가며 협력해야 한다.

우리 교회는 이런 점에서 네트워크 선교를 중요하게 생각한다. 각자 주어진 자리에서 온 힘을 다해 사역하되, 서로가 연결되는 망을 잘 형성해 놓는 것이다. 그래서 내게 부족하고 필요한 부분을 쉽게 도움 받고, 동시에 내가 도울 수 있는 것은 언제 어디서나 도울 수 있게 하는 것이다.

보통 선교사를 파송하면 교회에서 지원금을 보내기 마련이다. 생활비 등을 다 보내 줘야 하는 것이다. 그런데 만약 지원에 조금이라도 문제가 생기고, 그 선교사가 철수를 하면 선교지에 커다란 공백이 생긴다. 게다가 보내는 선교를 할 경우, 직접 만나서 소통할 수 없기 때문에 사소한 문제부터 큰 문제에 이르기까지 세세하게 챙겨 주기가 어렵다.

그렇기 때문에 우리는 미리부터 네트워크를 마련하는 것을 중요하게 생각했다. 행여 갑작스럽게 철수를 하더라도 선교사의 부재 때문에 사역에 공백이 생기지 않게 하고, 네트워크를 통해 현지에서도 서로 도울 수 있게 한다.

또한 우리가 새로운 사역을 계획할 때도 이 네트워크는 큰 도움이 된다. 예를 들어서 태국에서 어떤 사역을 한다고 가정해 보자. 내가 직접 태국에 가서 무언가를 하기는 어렵다. 그러나 이미 네트워크가 형성되어 있어서 우리 선교사들이 그곳과 소통하고 있었다면 상황은 달라진다. 태국의 상황을 잘 알기에 효과적으로 사역을 할 수 있다. 또한 더 신뢰하면서 사역할 수 있다.

우리 교회에서 선교사 가족을 파송한 적이 있다. 필리핀에 있는 APNTS Asia-Pacific Nazarene Theological Seminary에 파송을 했는데, 이 학교는 필리핀 정부의 인가를 받은 학교였다. 필리핀의 개신교 대학원 중에서 정식으로 학위를 주는 몇 안 되는 학교에 우리가 선교사로 교수를 보낸 것이다. 이렇게 학교를 기반으로 선교사를 파송한 것도 네트워크가 갖추어져 있었기 때문에 가능했다. 학교와 연계하고 학교를 지원하면서 선교사를 파송하면 더욱 신뢰와 효율성을 가지고 사역할 수 있다.

선교지를 돌아보면 안타까운 현실이 한 가지 있다. 바로 문을 닫은 교회가 한두 곳이 아니라는 사실이다. 보통 현지에 가면 1,000만 원에서 2,000만 원을 들여 기념 교회라는 이름을 붙여 많은 교회를 짓는다. 그렇게 쉽게 세운 교회는 문도 쉽게 닫는다. 물론 처음에는 사람이 많이 모인다. 선교사들이 아이들을 불러 모으는 것은 쉽다. 껌 두 통씩만 주면 아이들이 교회에 100명씩 모인다. 그러나 이런 부흥은 잠깐으로 끝날 때가 많다. 선교사가 철수하거나 재정이 부족해지거나, 어떤 갈등이 생기면, 그 교회에는 더 이상 사람이 모이지 않는다. 그래서 안타까운 결말로 끝나 버린다.

그러므로 후속 대책이 잘 연결될 수 있도록, 그리고 사역을 시작할 때 상황을 잘 파악한 후 시작할 수 있도록 네트워크를 통한 선교가 필요하다. 우리는 앞으로도 하나님 안에서 더 탄탄하고 활발한 네트워크를 마련해 갈 것이다.

47

신학생들을 향한 교회의 후원

•••

1968년 10월 20일, 멕시코 올림픽의 대미를 장식할 마라톤 경기가 열렸다. 수많은 선수 틈에 탄자니아 선수인 존 스티븐 아쿠와리John Stephen Akhwari도 열심히 달렸다. 그런데 경기 도중 넘어져서 심각한 부상을 당했다. 그러나 그는 끝까지 달려야 한다며 응급조치만 받고 경기를 계속했다. 붕대가 감긴 무릎에서는 피가 철철 나는데도 쉬지 않고 달렸다. 우승자는 이미 한 시간 전에 완주를 한 상태였다. 관중은 부상을 딛고 혼신의 힘을 다해 완주하고 있는 탄자니아의 아쿠와리를 기다리고 있었다.

그때였다. 마라톤 게이트에서 스타디움 쪽으로 사이렌 소리와 경찰의 호루라기 소리가 들려왔다. 아쿠와리가 마라톤 경기의 마지막 한 바퀴를 돌기 위해 절뚝거리며 트랙 안으로 달려오고 있었다. 그는 고통과 외로움 속에서 힘겹게 42.195킬로미터를 포기하지 않고 달려왔다. 관중은 일제히 자리에서 일어나 그가 결승선에 도달할 때까지 박수를 쳤다.

어느 기자가 그에게 물었다.

"아니, 이런 상태로 달렸단 말인가요? 차라리 포기하는 것이 더 낫지 않았을까요?"

아쿠와리는 이렇게 대답했다.

"나는 지금 42.195킬로미터를 달렸습니다. 그러나 나의 조국 탄자니아는 나를 1만 1,000킬로미터나 떨어진 이 경기장으로 보냈습니다. 비록 우승은 하지 못했지만, 그리고 부상을 당했지만, 그렇다고 해서 끝까지 완주하는 사명을 포기할 수는 없었습니다. 그건 나를 이곳에 보낸 조국에 떳떳하지 못한 모습입니다."

신앙생활은 사명이다. 그리스도인은 사명으로 산다. 그리고 그 사명이 다하면 죽는다. 탄자니아의 아쿠와리 선수에게는 우승이 궁극적인 목표가 아니었다. 조국이 1만 1,000킬로미터나 떨어진 곳에서 치러지는 이 경기에 참여하게 한 것에 부응하기 위해 끝까지 완주하는 것이 최종 목표였다.

여기에 중요한 사실이 있다. 분명한 목표 의식을 갖게 하는 요인은 한 개인에게만 있지 않다. 아쿠와리 선수에게는 조국과 조국의 후원이 목표를 설정해 주었다. 이처럼 우리 의지와는 다른 배경이 우리의 목표 의식에 영향을 미칠 수 있다. 스티븐 아쿠와리 선수가 만약 올림픽이라는 국제 경기가 아니라, 개인적인 목표로 작은 마라톤 대회에 나가 부상을 당했다면 어땠을까? 아마 끝까지 완주하지 않고 그냥 돌아왔을지도 모른다.

특히 공부하는 학생들에게 이 이야기는 중요하게 적용될 수 있다. 학생들은 스스로 목표를 설정하고 그 목표를 위해 달려가기도 하지만, 스스로의 힘으로는 잘 버티지 못할 때가 많다. 아니, 목표를 설정하는 것부터 흔들릴 때가 많다. 자신이 무엇을 해야 하는지, 어떤 길로 나아가야 하는지 그저 막막하게만 생각하는 것이다. 신학을 공부하러 신학대학에 온 학생들도 마찬가지이다. 나름의 소명을 품고, 혹은 타의에 의해서 진학을 했지만 막상 구체적인 목표 앞에서는 막연해할 때가 있다.

그런 학생들에게 교회가 다가가야 한다. 탄자니아 선수에게 조국이 든든한 뒷받침이 되어 주었듯이, 교회가 그들을 뒷받침해 주어야 한다. 우리 교회는 지금 이 사명을 두고 더 기도하고 있다. 우리 교회와 연관된 나사렛대학교와 신대원의 학생들을 조금이라도 더 후원할 수 있기를 소망하고 있다. 만약 우리가 그들을 장학금으로 후원해 준다면 그들에게는 이전과는 다른 막중한 사명감이 생길 것이다. 목표도 더욱 확고해질 것이다. '내가 이 사역을 반드시 해야겠구나', '끝까지 주어진 공부를 잘 마쳐야겠구나' 하는 책임감을 갖게 되는 것이다. 물론 당장은 구체적

우리나라의 희망은 교회다. 앞으로 대한민국이 하나님께서 기뻐하시는 교회가 되기 위해서는 올바른 교회가 곳곳에 세워져야 한다. 그만큼 사람을 세우고 키우고 세우는 것이 중요하다. 나사렛대학교에서 강의하는 모습.

인 진로나 목표를 정하지 못할 수도 있다. 그러나 적어도 든든한 후원이 생기면 더는 시간을 헛되이 보내지는 않을 것이다. 앞으로 어떤 일이 주어지든 지금 이 순간 온 힘을 다해야겠다는 마음을 갖게 될 것이다.

우리 교회는 사람을 키우는 일을 새로운 사명으로 삼고 있다. 국제적인 선교 차원에서의 지원뿐만 아니라, 국내 학교를 돕고 사람을 세우는 일을 할 수 있길 기대한다.

우리나라의 희망은 교회라고 생각한다. 앞으로 이 대한민국이 하나님께서 기뻐하시는 나라가 되기 위해서는 교회가 있어야 한다. 올바른 교회가 곳곳에 세워져야 한다. 그리고 이를 위해서 훌륭한 목회자가 있어야 한다. 사명감이 투철한 목회자들이 파송되어야 한다. 그만큼 사람을 키우고 세우는 것이 중요하다.

아직 실행에 옮기지는 못하지만, 그것이 현실이 되리라는 희망의 끈을 부여잡고 이 공간을 통해 솔직하게 나의 꿈을 적어 본다. 훗날 교회가 이들을 후원하고, 그 후원을 받은 신학생들이 하나님 나라의 확장을 위해 헌신하는 일이 매년 무수하게 일어나기를 간절히 기도한다.

48 목회자 후보생들을 향한 바람

•••

한 학생이 있었다. 이 학생은 열네 살 때 아버지를 여의고 중학교 2학년 때인 열다섯 살 때 축구를 하다가 공에 눈을 맞아 실명했다. 이 소식을 접한 어머니는 충격을 받아 뇌출혈로 세상을 떠났고 그 학생은 졸지에 고아가 되어 말할 수 없는 어려움과 절망에 사로잡혔다.

그러나 그는 이 모든 것을 이겨내어 재활의 귀감이 되었다. 그가 바로 미국의 조지 부시 행정부 시절, 대통령 직속 국가장애위원회 정책차관보를 지낸 시각장애인 고故 강영우 박사이다. 그는 국제로터리재단에 장학금으로 25만 달러를 내놓기도 했다. 그리고 췌장암 진단을 받아 시한부 인생을 살고 있을 때는 다음과 같이 고백했다.

“제 삶을 여기까지 이끌어 주고 지탱해 준 힘인 ‘그리스도의 사랑’에 빚을 갚으려 합니다.”

그는 평소에도 절망을 극복하고 성공할 수 있었던 비결을 다음과 같이 말했다.

“저는 비슷한 처지에서 역경을 극복한 명사 중에 역할 모델을 찾고, 그를 보면서 ‘나도 할 수 있다’는 신념으로 도전했습니다.”

그는 결국 해냈고, 그 또한 모든 사람에게 역할 모델이 되어 도전과 희망을 주고, 귀감이 되는 존재가 되었다.

그렇다면 과연 우리는 역할 모델을 제대로 찾고 있는가? 나는 누군가의 역할 모델이 될 수 있는가? 이런 생각을 하면 떠오르는 대상이 있다. 바로 우리 학교의 신학생들이다. 물론 상암동교회의 담임 목회자로서 성도들에게 올바른 역할 모델이 되고 있는지도 늘 점검하고 성찰해야 한다. 하지만 신학생들에게도 그와 같은 부담감을 느낀다. 이를 위해 내가 신학생들에게 본이 되고 그들에게 필요한 것을 올바르게 공급해 주는 것도 절실하게 필요한 일이다.

그 점에 있어서 특별히 중요하게 생각하는 부분은 레디 메이드ready made이다. 학업을 마친 후 현장에 바로 투입되었을 때, 당황하지 않고 사역을 잘 이끌어 갈 수 있는 교역자를 만드는 것이다. 레디 메이드는 말 그대로 ‘미리 만들어지는 것’, ‘미리 준비되고 훈련되는 것’을 말하는데, 이는 매우 중요한 것이다.

내가 이것을 위해 가장 중점을 두고 강조하는 것은 '성경 말씀' 이다. 그래서 수업 때에도 성경에 대해 강조하고 평소에도 성경을 많이 읽으라고 권면한다. 그리고 기회가 되는 대로 성경구절을 많이 외우게 한다.

안타깝게도 신학대학과 대학원에 다니는 동안 열심히 공부를 한 것 같은데 정작 성경을 잘 모르는 목회자가 많다. 그것은 목회자로서 준비를 제대로 하지 못한 것이다. 다양한 신학 분야의 학문적 공부도 물론 중요하지만, 성경이 필수적으로 뒷받침되어야 한다. 부분적으로만 깊게 알아서도 안 된다. 성경을 전반적으로 이해하고 능숙하게 활용할 수 있어야 한다.

그래서 올해부터 나사렛대학교 대학원에서 시도하려고 하는 것이 있다. 바로 어느 학교에나 있는 졸업고사, 논문, 종합고사와 함께 한 학기에 성경구절 50개씩 외우는 제도를 마련하는 것이다. 그래서 3년 후 졸업할 때 300개의 성경구절을 외우는 학생에게 상을 주는 것이다. 나는 시험 성적이 좋거나 논문을 안 쓰더라도, 목회에 실질적인 도움이 되는 성경구절을 500개 이상 외우는 목회자들을 세우고 싶다.

학생들은 왜 성경구절을 외워야 하는지 지금 당장은 이해하지 못할 수도 있다. 그러나 그것은 앞으로 목회에 있어서 분명한 자산이 된다. 말씀을 증거할 때에도 그 말씀에 필요한 성경구절을 바로 제시할 수 있을 정도가 되어야 한다. 꼭 강단에서가 아니라도 누군가 물어보거나 상담을 요청할 때, 기도를 부탁할 때, 전도할 때 내가 외우고 마음에 새긴 그 말씀은 그때그때 보석이 되어 전해진다.

물론 나도 외웠던 성경구절이 헷갈릴 때가 있다. 나이가 들고 시간이 지나 잊어버리기도 한다. 혹은 당장은 외우는데 강단에서는 기억이 안 나는 경우도 있다. 그러기에 말씀이 머리에 각인되도록 철저히 외워야 한다. 나는 성경구절 외우는 것을 학생들에게만 강조하지 않는다. 나 스스로도 여전히 노력하고 있다. 더 많이 외우고, 끝까지 기억하도록 말이다.

성경구절을 외우면 소명감도 확실해진다. 사명감도 생긴다. 하나님의 말씀은 생명이기에 그 말씀을 암송하는 것은 단순히 지식을 저장하는 차원에 그치지 않는다. 말씀을 부지런히 외우고 어느 곳에서든 활용하면, 그것이 나에게 풍성한 생명력을 안겨 준다. 그뿐만 아니다. 그 말씀을 듣는 사람에게도 생명력이 이어진다.

내가 신학생들에게 말씀의 중요한 역할 모델이 되고, 다시 그들이 또 다른 제자와 성도들에게 말씀의 역할 모델이 되기를 바란다. 그리고 더 나아가 모든 그리스도인이 성경구절을 암송해서 말씀 위에 든든히 서길 바란다. 그런 날이 오기를 기다리고, 속히 올 것을 확신한다.

49 의인을 한 명이라도 더 세우는 나사렛대학교가 되도록

• • •

소돔과 고모라 성을 멸하시기 전에 하나님께서는 아브라함과 의미 있는 대화를 나누셨다. 먼저 아브라함이 물었다.

"하나님, 만약 이 도시에 의인 50명이 있으면 멸하시겠습니까?"

"아니다."

"만약 45명이면요?"

"아니다."

이런 식으로 아브라함은 40, 30, 20명으로 그 수를 줄여서 마지막 열 명까지 이르게 되었다. 하나님은 열 명의 의인이 이 도시에 남아 있다면 결코 멸하지 않겠다고 말씀하셨다. 그러나 소돔과 고모라는 결국 멸망했다. 의인이 열 명도 없었던 것이다.

소돔과 고모라 성이 멸망한 주 원인은 불의와 죄악이다. 그런데 하나님은 도시 전체의 죄악이나 불의의 정도를 묻지 않으신다. 그 도시, 그 나라에 과연 의인이 있느냐 없느냐를 물으신다.

우리 귀에 나라의 운명과 미래에 관한 염려 섞인 소리가 자주 들린다. 그럼에도 우리나라가 안전한 이유가 무엇일까? 우리나라에 기도하는 의인이 많기 때문이다.

우리는 더 많은 의인이 세워지도록 노력해야 한다. 나는 그런 차원에서 나사렛대학교가 의인을 세우는 학교가 되기를 간절히 바란다. 학생들 한 명 한 명이 이 시대의 의인이 되기를 바란다.

물론 학교 사정은 과거에 비해 그리 녹록하지 않다. 지금은 모두가 경제적으로 어려운 시기를 살고 있기에, 나사렛대학교도 예외가 아니다. 다른 학교들도 그럴 것이다. 사립대학교의 학생수가 2015년부터 현저하게 줄어든다고 한다. 나사렛대학교는 2013학년도 정원이 이미 줄어든 상태이다. 게다가 입시 경쟁률도 매년 낮아지는 추세다.

그러나 위기는 의인으로서의 삶을 막지 못한다. 위기가 왔다고 의인이 사라지는 것은 아니다. 비록 세상적인 시각으로 보기에는 열악하고, 인간적인 마음으로 보기에는 걱정이 앞서지만, 우리는 위기를 통해 영적으로 더 성장할 수 있다. 이런 위기의 시기에 나사렛대학교는 의인을 양성하는 학교로 거듭날 수 있다고 나는 자신한다. 그리고 이것이 나의 사명이라고 생각하고, 한 명의 의인이라도 더 세우기 위해 헌신할 것이다.

나사렛대학교에는 중요한 특징이 있다. 전국에서 장애 학생이 가장 많은 대학교가 바로 나사렛대학교이다. 전국에 대학교가 349개인데 그중 장애 학생이 6,000명 정도 된다. 그런데 그중 376명이 우리 학교에 다닌다. 우리 학교에 다니는 장애 학생 중에 80퍼센트 이상이 중증 장애인이다. 그만큼 나사렛대학교는 특수한 학교이다.

이렇게 약점을 가진 사람들이 많이 모였지만 그렇기 때문에 더 많은 이에게 도전과 희망을 줄 수 있는 가능성을 가지고 있다. 나는 우리 학교 학생들이 다른 사람들을 살리는 의인으로 세워지리라 확신한다. 자신의 장애만을 이겨내는 의인이 아니라, 주변 사람을 살리고, 지역을 살리고, 더 나아가 나라를 살리는 이 시대의 의인이 될 것이라고 믿는다. 이러한 확신이 어려운 상황에서도 내가 끝까지 밀고 나갈 수 있는 힘을 준다.

사명은 힘든 상황에 있는 나를 지치고 포기하게 하는 것이 아니라, 오히려 더 강한 의지로 도전하고 그 사명을 위해 늘 감사를 잊지 않게 하는 힘이 있다. 현실을 보면 암담하지만 미래를 보면 희망이 있기에 감사하고 또 감사할 수 있다.

감사에는 세 종류가 있다고 한다.

첫째는 '만일if의 감사'이다. "하나님, 만일 이 문제를 해결해 주시거나 풀어 주시면 감사하겠습니다", "하나님, 만일 이번에 계약만 성사된다면 하나님께 헌신하겠습니다. 헌금하겠습니다" 라고 하는 조건부 감사이다.

둘째는 '~ 때문에because of의 감사' 이다. 지난날을 돌이켜 보니 감사할 이유가 많은 것이다. "하나님, 이번에 우리 아이가 좋은 대학에 들어가게 해주신 것을 감사합니다"라고 말하는 것처럼, 주신 것 때문에 감사하는 것이다.

셋째는 '그럼에도 불구하고in spite of의 감사' 이다. '내가 사업에 실패했음에도, 내가 입시에 낙방했음에도, 내가 건강을 잃었음에도 불구하고' 감사하는 것이다.

나는 어려운 학교 현실 속에서도 세 번째, '그럼에도 불구하고의 감사' 가 그치지 않았으면 좋겠다. 나뿐만 아니라, 어려운 시대를 살아가는 우리 모두가 이러한 감사의 마음으로 달려가면 좋겠다. 그렇게 달려가다 보면 우리나라는 분명 하나님께서 찾으시는 의인이 가득한 나라가 되어 이 시대와 온 세계를 살리게 될 것이다.

50

한국 교회를 향한 바람 1

• • •

최익한 감독의 영화 〈마마〉의 이야기이다. 영화에 등장하는 한 여자는 '뒤셴근이영양증' 이란 희귀병에 걸려 5년밖에 살지 못하는 아들을 위해 음료수를 배달하며 열심히 살아간다. 그러던 어느 날 배달 중에 그녀가 쓰려졌다. 병원에 가 보니 난소암이라고 했다. 3개월밖에 살 수 없다는 청천벽력같은 진단을 받은 그녀는 아들을 위해 살려 달라고 절규했다. 아들이 살아 있을 동안만이라도 목숨이 연장되기를 간절히 소원하면서 말이다. 그러나 결국 그녀가 선택한 길은 아들과 함께 죽는 것이었다. 아들을 차에 태우고 죽으러 가는 길에 그녀는 비타민이라고 속이고 아들에게 수면제를 먹였다. 그리고는 한강 둔치에 다다라서 아들에게 끝말잇기 게임을 하자고 제안했다. 그녀는 하염없이 눈물을 흘렸고 아들은 수면제를 먹어 졸렸다. 그때 아들이 그녀의 등에 업혀 마지막 말을 했다.

"나는 '희망' 이라는 글자가 참 좋아! 그래서 벽에도 붙여 놓았어. '희망은 결코 당신을 버리지 않습니다. 다만 당신이 희망을 버릴 뿐입니다' 라고."

아들의 말을 들은 그녀는 마음을 돌이켰다.

과연 우리에게 희망이 있는가? 답은 간단하다. 누구에게나 희망이 있다. 단지 그 희망을 붙잡지 못할 뿐이다. 영화에 나온 아들은 누구보다 처절한 환경에 있었지만 희망을 붙들었다. 그리고 자신이 붙든 희망을 엄마에게 그대로 전해 주었다.

우리에게, 특히 그리스도인에게는 더욱 강력한 희망이 있다. 바로 진정한 희망이 되시는 예수 그리스도이다. 예수님을 바라보면 희망이 생긴다. 예수님은 생명을 얻는 희망이다. 시인 박노해는 '사람만이 희망' 이라고 노래했지만, 우리는 '예수님만이 희망' 이라고 노래한다.

또한 그리스도인에게 주어진 그 희망 때문에 한국 교회 역시 희망이 있다. 많은 사람이 한국 교회가 위기에 처해 있다고 걱정한다. 더는 성장을 기대할 수 없다고 전망한다. 외적 성장뿐만 아니라 내적 성장에도 위기가 닥쳤다고 말한다. 그러나 그것은 사람의 생각일 뿐이다. 예수님은 교회를 버리지 않으신다. 예수님께서 붙드시는 한, 그리고 우리가 예수님을 바라보는 한 분명 희망은 있다.

상암동교회는 그 희망을 경험했고 그 희망을 전하려고 한다. 지금까지 나누었던 내용이 바로 그 희망이다. 여기에서 한국 교회를 향해 전하고 싶은 메시지를 담아 보고 싶다.

한국 교회는 무엇보다 예수님의 이미지를 닮아 가야 한다. 예수님의 사역을 통해 진정한 섬김의 리더십을 배워야 한다. 예수님의 삶과 사역에서 살펴볼 수 있는 특징 중 하나는 '먼저 찾아가심' 이다. 본래, 리더나 왕은 가만히 있는다. 아랫사람들이 그들을 찾아가는 것이 일반적인 현상이다.

그러나 예수님은 사람들을 직접 찾아다니시는 것을 사역의 대부분으로 삼으셨다. 특히 사회적으로 소외된 자들 곧, 병자, 여자, 아이들을 찾아가신 사례가 성경에 나타난다. 사람들이 예수님의 소문을 듣고 찾아온 사례도 있지만, 그보다 먼저 예수 그리스도께서 그 마을을 찾으셨다는 전제를 가지고 있다.

'먼저 찾아가심' 의 예수님의 모습은 '환영' 의 모습으로도 이해할 수 있다. 환영은 나에게 다가온 상대방을 기쁘게 받아들이는 모습이다. 그러니 내가 상대방에게 먼저 다가가 맞이하는 것은 환영의 수준을 이미 넘어선 태도이다. 예수 그리스도는 이처럼 사람들을 환영하되, 가만히 있다가 오는 사람들을 반기신 것이 아니라, 먼저 찾아가 맞아 주셨다. 환영의 극치를 보여 주신 것이라 할 수 있다.

특히 놀랄 만한 것은 죄인들을 환영하신 것이다. 당시 유대교적 배경에서 철저히 외면 받던 죄인들을 예수 그리스도는 한 사람 한 사람 찾아가셨고 열렬히 환영하셨다. 그리고 그들과 더불어 식탁 교제를 나누셨다. 이는 그 자체만으로도 종교 지도자들에게 비난을 받을 수 있는 행동이었다.

예수 그리스도의 모습에서 발견할 수 있는 것은 교회가 견지하고자 하는 섬김의 리더십에 '먼저 찾아감'에 대한 행동이 수반되어야 한다는 것이다. 또한 누구든, 심지어 죄인으로 지탄받는 사람들조차 환영할 수 있는 태도가 전제되어야 한다는 것이다.

오늘날 교회 공동체의 규모가 이전보다 확장되고 있다. 소위 말하는 대형교회들이 증가하고 소형교회들은 점점 자리를 잃어 간다. 대형교회 내에서는 다양한 조직이 활성화되어 교회 안에 하나의 사회가 형성되어 가지만 정작 그 자리에 소외 계층 이웃이 설 자리는 좁아지는 것을 볼 수 있다. 심지어 교회 안에서도 조건과 환경을 따지며 관계를 만드는 모습이 드러나기도 한다. 이러한 현상은 건강하지 못한 것으로, 공동체를 곤고하게 만드는 것이며 예수 그리스도가 보여 주신 섬김과는 거리가 먼 것이다.

이제 모든 한국 교회가 먼저 찾아가고 먼저 환영하는 교회가 되길 간절히 바란다. 우리 상암동교회도 더 노력할 것이다. 먼저 찾아갈 곳이 어디인지 더 고민할 것이다. 모든 그리스도인에게 예수님의 향기가 더욱 강하게 퍼질 날이 오기를 간절히 소원한다.

51 한국 교회를 향한 바람 2

• • •

'80대 20'의 법칙이 있다. 전체 결과의 80퍼센트가 전체 원인의 20퍼센트에서 일어나는 현상을 말하는 것이다. 예를 들면, 백화점 매출의 80퍼센트가 20퍼센트의 고객에게서 나오는 현상, 80퍼센트의 부를 20퍼센트의 인구가 소유하는 현상이다. 일명 '파레토의 법칙'이다.

이것은 100년 전 이탈리아의 경제학자 빌프레도 파레토Vilfredo Pareto가 처음 발견한 법칙으로, 그는 19세기 영국의 부와 소득 유형을 연구하던 중 소수의 국민이 대부분의 소득을 벌어들이고 있다는 사실을 발견했다. 이는 지금도 경제와 사회에 매우 중요한 일반 법칙으로 통용되고 있다. 쉽게 말하자면, 내가 섬기는 회사나 교회에 많은 직원과 성도들이 있지만, 그들 중 20

퍼센트만이 능동적으로 움직이고 여러 조직이나 모임에 적극적으로 참여하고 있다는 것이다. 오직 20퍼센트의 힘만이 내 직장과 내가 섬기는 신앙 공동체를 움직이는 가용 힘으로 사용된다.

나는 과연 80퍼센트에 속하는가, 아니면 20퍼센트에 속하는가? 또한 우리 교회는 과연 80퍼센트에 속하는가, 아니면 20퍼센트에 속하는가?

소수를 통해 세상을 바꾼 대표적인 사례가 있다. 바로 초대교회이다. 초대교회의 역사는 예수 그리스도의 부활 승천 이후 본격적으로 시작된다. 예수 그리스도의 제자를 중심으로 오순절 성령의 역사가 시작되고, 예수 그리스도의 죽음과 부활을 전하는 일이 곳곳에서 일어났다. 그 과정에서 교회 공동체가 세워지고, 이후 사도로 부르심 받은 바울을 주축으로 더 넓은 지역까지 선교 활동이 이루어졌다.

그런데 당시 복음 전파의 기본 대상은 로마인들이었다. 로마 사회에서는 계급에 대한 차별이 심했고 로마인들은 그 계급 체계를 당연하다는 듯이 받아들였으며 황제를 신처럼 떠받들었다. 그런 상황에 투입된 복음 전도자들은 그 벽을 허무는 일부터 해야 했다. 예수 그리스도의 가르침대로 서로 섬기는 장이 형성되기 위해서는 그 일부터가 급선무였다.

그러나 그 작업이 결코 쉬운 일은 아니었다. 계급과 체제를 뒤흔드는 것은 그야말로 아무나 시도할 수 없는 반역이나 마찬가

초대교회 공동체는 주 안에서 한 형제, 자매라는 개념으로 수평선상에서 소통하고 교제를 이루었다. 우리 교회는 예수님께서 가르치신, 그리고 초대교회가 보여 준 소통과 교제로 진정한 사랑을 실현하고 있다.

지였다. 그럼에도 그들은 로마 사회에 뿌리 깊게 박혀 있던 계급 사상을 서서히 흔들어 나가기 시작했다.

그들이 로마 사회에 주입한 것은 바로 형제, 자매 사상이다. 모두가 예수 그리스도 안에서는 가족이요, 형제이자 자매임을 가르치고 그 안에서 평등한 교제와 나눔이 이루어져야 할 것을 증거한 것이다. 그렇게 예수 그리스도를 영접한 사람들 가운데서는 계급이 사라지고, 자유인과 노예에 대한 구분, 남자와 여자에 대한 차별이 사라졌다. 적어도 그리스도 공동체 안에서만큼은 그랬다.

한국 교회가 섬김의 리더십을 올바르게 발휘하기 위해서는 섬김을 표방하기 전에 먼저 계급의 장벽을 헐어야 한다. 일시적으로 찾아가서 도와주고, 일시적으로 초대해서 접대하는 것은 한 순간의 이벤트일 뿐 섬김의 리더십을 온전히 구현하는 것과는 거리가 멀다.

초대교회 시대의 사도들과 복음 전파자들이 그러하였듯이 우리도 계급을 허무는 일부터 해야 한다. 이를 위해 교회 내에 은밀히 숨어 있는 계급을 타파해야 하고 사회 안에 내재되어 있는 계급에 대한 인식도 철저히 깨뜨릴 수 있는 역할을 해야 한다. 기존 계급과 체제는 변하지 않더라도 주 안에서는 그 모든 것이 무의미하다는 것을 분명히 인식시켜야 한다. 그것이 섬김의 리더십을 올바르게 표출시키기 위한 과제이다. 그러한 것이 인정되지 않는 상황에서는 섬김과 나눔의 행위가 그들에게 진정한 위로가 될 수 없다. 계급의 무의미함과 주 안에서의 평등에 대한 개념을 확실히 받아들이고 인정할 때, 세상 사람들은 교회가 말하는 사랑과 섬김에 대한 차별화를 깨달을 것이다.

또한 초대교회는 기존 사회의 계급 체계를 타파하고 주 안에서 모두가 형제, 자매라는 개념으로 공동체를 형성하였다. 그리고 그들은 그런 수평선상의 공동체 안에서 소통과 교제를 이루었다. 평등한 관계에서 하나님의 말씀을 나누고 서로의 안부를 묻고, 사회적 현안에 자유롭게 소통했다. 계급은 그 소통에 어떠한 장애도 되지 않았다.

소통이라는 개념은 교제와도 직결되는데, 교제의 측면에서 추가적으로 엿볼 수 있는 것은 그 교제가 친교적인 차원에서 그치지 않는다는 사실이다. 그들은 실제로 서로의 삶의 필요를 나누는 교제를 가졌다. 상대방에게 필요한 것을 채우기 위해 내 것을 과감히 포기하는 모습이 자연스럽게 나타났다.

이런 모습은 한국 교회 내부에서만이 아니라, 외부, 곧 세상과의 접경지대에서도 원활히 이루어져야 할 모습이다. 예수님께서 가르치신, 그리고 초대교회가 보여 준 소통과 교제는 나만의 즐거움을 위한 것이 아니었다. 나의 희생을 감수하더라도 남의 필요를 채우는 헌신적인 사랑을 기반으로 하는 것이었다. 그 정신이 세상을 향한 교회의 리더십이 되어야 한다.

세상은 소수의 창조적 인물에 의해 움직인다. 이제 초대교회처럼 한국 교회가 세상을 바꾸는 존재가 되어야 한다. 계급을 초월하여 사랑을 전하고, 소통과 교제가 만발한 그런 세상을 만들어 가야 한다. 그리고 분명 그 날이 올 것이다.

상암동교회는 한국전쟁의 여파가 남아 있던 1955년 6월, 나사렛국제본부의 지원 사역으로 창립된 역사적인 교회이다. 그런 교회에 창립 45주년이 되던 날, 즉 2000년 6월, 부족한 내가 하나님의 은혜로 부임했다. 그렇게 나는 임대 교회라는 현실 속에서 본격적으로 담임 목회를 시작했다. 한 교회에 담임 목회자로 부르심을 받은 것도 감격스러운 일인데 하나님께서는 10년이 넘는 기간 동안 스무 배의 부흥을 허락하시고 많은 사역을 감당하게 하셨다.

그렇게 지경을 넓혀 주신 계기가 된 것이 바로 이미지 목회이다. 2003년 교회를 건축하면서 이 시대에 교회가 성장하기 위해서는 지역사회에 꼭 필요한 교회, 지역사회에서 존재감이 있는 교회가 되어야 한다고 생각했다. 그리고 본격적으로 이미지 목회를 시작했다.

이미지 목회는 우선 담임목사인 내가 성도에게 목사로서 본이 되고 좋은 이미지를 심어 주는 것에서 시작한다. 신학생일 때만 해도 새벽예배를 자주 빠지던 내가 새벽예배를 매일 인도해 나갔고 예배가 끝나도 바로 집에 가지 않았다. 퇴근은 밤 열 시에 했다. 새벽예배 출석률이 저조했지만 성도들의 가족사진을 받아서 그 가족의 이름을 불러가며 큰 소리로 기도해 주었다. 점차 새벽예배 출석률이 늘었고 교회도 서서히 부흥했다. 교회를 바꾸기 위해서는 나부터 바뀌어야 했다. 내가 좋은 이미지를 보여 주는 것이 우선이었다.

그리고 이어서 지역사회를 향해 좋은 교회의 모습을 보여 주기 위해 노력했다. 세상의 소금과 빛마 5:13-14이 되는 것은 예수님의 명령이다. 그 명령을 지키기 위해 지역의 소외 계층을 위한 사역을 집중적으로 실시했다. 그리고 좋은 교회의 모습을 보여 주기 위한 이미지 목회의 청사진은 새성전 건축에 잘 반영되었다.

교회를 처음 지을 때만 해도 상암동 지역은 교회 건물 외에는 특별한 건물이 없었다. 그런 상황에서 교회 건물의 1층은 어린이집으로, 2층은 예배 및 목회 관련 시설로, 3층은 지역 어르신들을 위한 실버스쿨로, 4층은 치료교육센터로 활용했다. 2층을 제외하고는 지역 주민에게 도움이 되는 공간을 만든 것이다.

물론 그렇게 건축을 하는 과정이 쉽지만은 않았다. 가령, 어린이집 건축 승인을 받는 것부터가 문제였다. 법적으로 승인 자체가 불가능했다. 그러나 하나님께서는 자연스럽게 교회 1층에 어린이집이 들어설 수 있게 인도하셨다. 그렇게 교회는 지역 주민에게 예수님의 향기를 발하는 곳으로 변모해 갔고 자연스럽게 지역 주민은 교회와 함께하는 생활을 할 수 있었다. 특히 지역 주민 중에서도 소외 계층을 향해 손을 내밀었기에, 사회 안에서 도움의 손길이 가장 필요한 사람들이 안락함을 누릴 수 있었다.

또한 이미지 목회는 교회 내 성도들이나 지역사회의 주민만을 향한 것이 아니었다. 타 교회를 향해서도 이미지 목회는 이어졌다. 물론 그들은 이미 하나님을 섬기고 예수님의 사랑을 전하는 교회이지만, 그들도 주 안에서 사랑과 위로를 주고받아야 할 대상이었다. 우리 교회는 하나님께 받은 은혜가 엄청남을 알기에 그 은혜를 어려운 교회들과 나누고 싶었다. 특히 우리 교회의 초창기 모습을 연상케 하는 교회를 외면할 수 없었다. 상암동교회는 임대 교회들, 리모델링이 필요한 교회들을 도왔다. 농어촌 교회들을 빚진 마음으로 섬겼다.

교회 재정이 이 부분에서 가장 많이 지출되었지만 그만큼 보람도 컸다. 우리는 받은 만큼 당연히 나누어야 했다. 그저 해야 할 일을 한 것뿐이다. 그뿐만 아니라, 교회를 향한 나눔의 사역은 국외에도 이어졌다. 네트워크 형태로 지속적으로 국외 선교사들을 지원할 수 있는 장을 마련하고 국외에 있는 신학교를 중심으로 선교 사역을 이어갔다.

교세 확장과 별개로서의 섬김

이미지 목회를 통해 우리 교회는 지역사회를 섬기는 사역을 해왔다. 여기서 강조하고 싶은 것은, 이것이 그 자체로 순수한 목적을 가져야 한다는 것이다. 이웃을 섬기는 사역이 성도 수를 늘리기 위한 과정, 혹은 도구로 작용해서는 안된다.

우리는 전도를 목적으로, 단도직입적으로 말해 교회 부흥을 위해 이미지 목회를 꿈꾸지 않았다. 어린이집을 통해, 실버스쿨을 통해, 치료교육센터를 통해 지역 주민이 우리 교회를 마음껏 활용하게끔 했다.

물론 자연스럽게 우리 교회에 등록하게 된다면 감사한 일이지만 그것을 위해 이런 사역들을 한 것은 아니었다. 실제로 오랜 기간 운영해 온 실버스쿨의 경우, 60명에서 70명의 어르신들이 무료로 해택을 받지만 그중에서 성도로 등록한 사람은 없다. 성도 수를 늘리기 위한 목적이었다면 재정 지출 면에서도 많은 부담이 되는 실버스쿨을 굳이 더 운영하지 않았을지도 모른다. 실버스쿨뿐만이 아니라, 어린이집이나 치료교육센터 역시 마찬가지이다.

대부분의 교회가 지역사회를 섬기기 위해 사역하지만 그 이면에는 사역을 전도의 도구로 이용하고자 하는 경우가 많다. 물론 복음 전파를 위해 덕을 세우는 것은 올바른 현상이지만, 그 복음 전파가 단순히 영혼 구원이 아닌, 성도 수를 늘리기 위한 것에 초점이 맞춰져 있다면 그 섬김은 순수성을 잃게 된다.

또한 복음 전파를 하더라도 '어느 교회' 나 다닐 수 있도록 인도해야지, 반드시 '우리 교회' 에 나오라고 강요하는 것은 올바르지 못하다. 안타깝게도, 사람들 역시 교회가 하는 일을 순수한 도움으로 받아들이기보다 성도 수를 늘리기 위한 목적으로 받아들이는 경우가 많다. 그래서 교회의 선교 활동을 반기지 않는 사람도 있다.

그런데 우리 교회는 그 자체에 섬김의 의미를 두고 있기 때문에 지역사회에 신뢰를 지속적으로 받고 있다. 물론 우리는 그 영혼들을 사랑하기에 꼭 우리 교회가 아니더라도 모든 사람이 하나님의 자녀가 되도록 끊임없이 기도하고 자연스럽게 사역 가운데서 복음을 전할 것이다. 놀랍게도 우리 교회에 전도할 목적으로 사역한 것은 아니지만 자연스럽게 우리 교회에 등록하는 사람들도 있다. 가령, 이사 온 사람들이 주민센터에 가서 이 지역에서 어느 교회가 좋은지 물어보면 상암동교회를 추천해 주는 사례 등이다. 이것이 바로 진정한 이미지 목회가 아닐까?

빛진 자로서의 소명 의식

교회는 예수님의 삶과 사역에 나타난 것처럼 이웃을 섬겨야 한다. 그런데 그 가운데서 나타날 수 있는 것이 자랑과 교만이다. 많은 사역을 하다 보면 자연스럽게 교만한 마음이 들 수 있다. 이것을 막기 위해 늘 빚진 자로서의 마음을 가져야 한다.

그런 측면에서 우리 교회는 늘 빚진 자로서의 소명을 버리지 않는다. 서울 소재 교회의 목회자들이 목회를 잘해서 교회가 성장하는 것이 아니라, 신앙의 대를 이어 준 농어촌 교회가 있었기 때문에 도시 교회가 부흥할 수 있게 된 것임을 잊지 않는다. 농어촌 교회에서 예수님을 믿고 신앙훈련을 받은 그들이 도시 교회를 세운 것이나 마찬가지임을 늘 명심한다. 그렇기에 우리는 농어촌 교회를 도와도 자랑할 것이 없다. 오히려 더 돕지 못한 것을 부끄러워해야 한다.

또한 지역사회를 향한 섬김도 마찬가지이다. 우리는 아직 하나님을 알지 못하는 이웃보다 더 큰 은혜를 입은 자이다. 난파된 배에서 내가 먼저 구명보트에 타게 되었다고 생각해 보라. 구명보트에 타지 못한 사람들을 모르는 척할 수 있겠는가? 우리는 아직 구조되지 못한 이들을 구하기 위해 더 적극적으로 노력해야 한다. 이와 마찬가지로 우리는 먼저 구원받은, 가장 큰 빚을 진 사람이다. 지역사회를 위한 섬김을 아까워할 것도, 자랑할 것도 없다.

지역 거점으로서의 책임감

초대교회는 지역마다 교회를 세웠고 그 교회가 지역의 거점이 되어서 사람들을 섬기고 복음을 전파했다. 마찬가지로, 교회는 그 지역 안에서 복음 전파의 거점이 되어야 하고, 섬김의 근원지가 되어야 한다. 즉, 교회는 그 지역을 책임지고 섬겨야 할 의무가 있다.

그래서 우리 교회는 지역에 대한 책임 의식을 가지고 있다. 그런 거점으로서의 사명을 기억하고 섬김의 리더십을 발휘하려고 한다. 만약 한국 교회 전부가 각 지역의 거점으로서 책임 의식을 갖고 지역주민, 특히 소외된 주민을 중점적으로 섬긴다면, 하나님 나라의 영역은 자연스럽게 확장될 것이다. 초대교회 때 급속도로 복음이 전파되고 그 가운데서 하나님의 사랑이 사람들 사이에 퍼져나간 것처럼, 이 시대에도 같은 물결이 흘러가기를 바란다.

교회 내부에서의 소통

교회에 외부 영역, 즉 타 교회와 지역사회에 대한 섬김에 중점을 둘 경우, 교회 내부의 성도들에게 충분히 그 사역을 이해시키고 호응을 얻을 필요가 있다. 여기서 중시해야 할 것이 바로 교회 내부의 소통이다. 외부를 향한 섬김 사역이 가치 있는 일이라고 해도, 담임 목회자가 독단으로 결정하면 역효과를 일으킬 수 있다.

그러므로 외부에서 섬김의 사역을 발휘하기 전에 먼저 교회 내부의 성도들을 향한 목회자의 리더십이 확립되어야 한다. 이것은 말씀에 기반하여 교육시키는 것을 기본으로 한다. 필요시에는 앞에서 제시한 바와 같이 교육 프로그램을 적극적으로 활용할 필요도 있다. 성도들이 섬김을 성경적으로 이해하고 자발적으로 참여할 때 외부를 향한 다양한 섬김 사역이 건강한 영향력을 발휘할 수 있다.

우리 교회도 섬기는 사역들을 감당하는 과정에서 내부의 갈등이 없었던 것은 아니다. 그러나 결국 말씀 안에서 모든 것을 해결해 나갈 수 있었다. 하나님께서 보여 주신 비전이 있는가? 하나님께서 맡겨 주신 사명이 있는가? 그렇다면 그것은 사람의 판단과 상관없이 반드시 이루어야 할 일이다. 어떤 걱정도 하지 말고, 어떤 눈치도 보지 말고 말씀 안에서 이루어 나가자. 말씀 안에서 소통하고 하나가 되면 전 성도가 연합하여 선을 이루는 사역을 할 수 있을 것이다.

희망의 끈을 다시 잡고 재도전하기

지금까지 하나님의 인도하심 가운데 이미지 목회를 해온 과정을 돌아보았다. 그리고 그 가운데 부어 주신 하나님의 은혜에 대해서도 나누었다. 특히 이미지 목회로 교회가 스무 배나 부흥한 것은 가장 대표적인 은혜라고 할 수 있다.

그런데 그것이 전부가 아니다. 이미지 목회도 중요하지만, 지나치게 이미지 목회만 강조한다면 분명 한계가 온다. 시대와 상황에 따라 또 다른 사명을 붙들어야 한다. 한 가지만 고집한다면 도약과 발전이 없는 교회로 남을 수 있다.

이미지 목회로 교회가 성장하는 은혜를 경험했다면, 더 큰 부흥을 위해 성령의 역사를 기대해야 한다. 이미지 목회는 자칫 습관화되어 성도들 개인의 영적 성장에 소홀해질 수 있다. 그렇게 되면 교회 전체적인 성장에 한계가 생길 수 있다. 교회의 진정한 성장을 위해서는 성령의 능력을 체험하고 성령의 역사 안에서 사역해야 한다.

요즘은 개척하기가 어려운 시대이다. 교회가 계속 성장해 나가는 것은 무척 어렵다. 그렇지만 사역을 하면서 '하면 된다' 는 것을 깨달았다. 그것을 이 책을 통해 풀어 갔다. 목회자가 어떤 방향으로 가야 하는지, 성도들은 어떻게 협력해야 교회가 부흥하는지 등을 나누었다. 그리고 더 나은 발전을 위해 문제점도 제기했다.

이제 우리 교회도 새로운 목표를 향해 나아갈 것이다. 그동안 '지역사회를 섬기는 좋은 교회' 를 모토로 삼고 건강히 성장해 왔다면, 이제는 '좋은 교회를 넘어 위대한 교회' 가 되는 것을 목표로 삼는다. 이는 좋은 교회라고 해서 반드시 능력 있는 교회는 아니며, 능력 있는 교회가 되려면 성도들이 변화되어야 한다는 생각에서다. 그래서 "저 교회에만 가면 변화돼"라는 말을 듣는 교회가 되고, "아무개 알지, 그 사람이 상암동교회에 가서 변화되었어!" 하는 말을 듣는 교회가 되는 것을 기대한다.

이를 위해 필요한 것은 성령님께 목회의 자리를 내어 드리는 것이다. 이전에도 그러했지만 더 강한 주권으로 우리 교회를 이끌어 달라고 주께 간구할 것이다. 그렇게 된다면, 힘없고 자신감도 없이 세상에 상처받으며 살던 사람들이 성령님을 만나 거룩한 삶을 살고 세상에 담대하게 나갈 수 있는 사람들로 변화될 것이다.

상암동교회가 한국 교회의 '위대한 모델' 이 되길 기대하며…….

블레즈 파스칼 저, 이환 역, 『팡세』, 민음사, 2003.

로리 베스 존스 저, 유은영 역, 『청바지를 입은 예수』, 좋은 생각, 2000.

게리 채프먼 저, 황을호, 장동숙 역, 『5가지 사랑의 언어』, 생명의말씀사, 2003.

가브리엘 가르시아 마르케스 저, 송병선 역, 『콜레라 시대의 사랑』, 민음사, 2004.

김하중 저, 『하나님의 대사』, 규장, 2010.

참고 문헌

유재덕 저, 『삶을 변화시키는 소울카페』, 베드로서원, 2010.

모리스 메테르링크 저, 고은진 역, 『파랑새』, 문예출판사, 2006.

전혜성 저, 『섬기는 부모가 자녀를 큰 사람으로 키운다』, 랜덤하우스코리아, 2006.

조철제 저, 『이유 있는 유혹』, 웅진북스, 2003.

조용모 저, 『백만 번의 프러포즈』, 다산북스, 2005.

그레그 모텐슨, 데이비드 올리비에 렐린 공저, 권영주 역, 『세 잔의 차』, 이레, 2009.

초판 1쇄 발행 | 2013년 10월 1일

지은이 | 신민규
펴낸곳 | 교회성장연구소
발행인 | 이영훈
편집인 | 이장석
편집장 | 노인영
기획 및 편집 | 김태희 · 김수현 · 이초롱
교정 · 교열 | 강민영
디자인 | 서주영
마케팅 | 이승조 · 문기현
쇼핑몰 | 김미현 · 이기쁨 · 이경재 · 전성은 · 강지훈
행　정 | 박경희 · 김수정

등록번호 | 제12-177호
주　소 | 서울특별시 영등포구 여의공원로 101번지 CCMM빌딩 9층 901A호
전　화 | 02-2036-7935
팩　스 | 02-2036-7910
웹사이트 | www.pastor21.net

ISBN 978-89-8304-190-6 03230

※ 책 가격은 뒤표지에 있습니다.
※ 잘못 만들어진 책은 바꿔 드립니다.

"무슨 일을 하든지 마음을 다하여 주께 하듯 하라" (골 3:23)

교회성장연구소는 한국 모든 교회가 건강한 교회성장을 이루어 하나님 나라에 영광을 돌리는 일꾼으로 성장하는 것을 목표로, 목회자의 사역은 물론 성도들의 영적 성장을 도울 수 있는 필독서들을 출간하고 있다. 주를 섬기는 사명감을 바탕으로 모든 사역의 시작과 끝을 기도로 임하며 사람 중심이 아닌 하나님 중심으로 경영한다. "무슨 일을 하든지 마음을 다하여 주께 하듯 하라"는 말씀을 늘 마음에 새겨 하나님이 주신 사명을 기쁨으로 감당한다.